Colonel THOMAS

L'ARMÉE DE METZ

1870

AVEC UN PORTRAIT ET DEUX CARTES

« Le succès fait vite oublier les difficultés à vaincre, et il faut un revers pour montrer les erreurs commises... »
(*Conférence au ministère de la guerre*, 16 décembre 1869.)

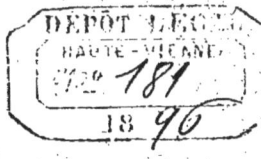

PARIS
Henri CHARLES-LAVAUZELLE
Éditeur militaire
11, Place Saint-André-des-Arts, 11

(Même maison à Limoges.)

L'ARMÉE DE METZ

DU MÊME AUTEUR :

Maximes et Pensées. (1860.)

Question africaine. (1865.)

Considération sur la cavalerie en 1867. (Rapport au ministère de la Guerre, 1868.)

Importance de Saint-Germain pour la défense de Paris. (Rapport au ministère de la Guerre, 1869.)

La cavalerie combinée avec les autres armes sous l'influence du nouvel armement. (Conférence au ministère de la Guerre, décembre 1869.)

Guerre de 1870, Metz. (1871.)

Avant-postes de cavalerie. (1872.)

Biographie du maréchal Bosquet. (1894.)

Les armements de l'avenir. Où s'arrêtera-t-on? (1894.)

Colonel **THOMAS**

L'ARMÉE DE METZ

1870

> « Le succès fait vite oublier les difficultés à vaincre, et il faut un revers pour montrer les erreurs commises... »
>
> *(Conférence au ministère de la guerre, 16 décembre 1869.)*

PARIS

Henri CHARLES-LAVAUZELLE

Éditeur militaire

11, Place Saint-André-des-Arts, 11

(Même maison à Limoges.)

à mes vaillants camarades de l'armée de Metz   Colonel Thomas

AVANT-PROPOS

La capitulation de Metz restera un des événements les plus douloureux du sanglant conflit engagé entre la France et l'Allemagne.

Enfant de cette fière cité, qui me rappelle de pieux souvenirs, j'ai assisté à son agonie.

Capitaine-commandant aux cuirassiers de la garde, quand la guerre fut déclarée; prisonnier de guerre, comme chef d'escadrons au 2e dragons, j'ai profité de ma captivité pour reproduire froidement, en dominant de tristes impressions, les différentes phases de cette pénible époque, en rechercher les causes, en déduire des conséquences et en tirer pour l'avenir un enseignement utile.

Je reprends ce travail vingt-cinq ans après pour le compléter, et l'offrir à mes vaillants compagnons d'armes de l'armée de Metz, qui, ayant combattu pendant deux mois et demi dans des conditions d'infériorité numérique et de malaise exceptionnelles, n'ont rien à se reprocher.

Quatre grandes batailles, douze combats, presque journellement des affaires d'avant-postes attestent leurs efforts héroïques, sans cependant atténuer le cruel souvenir d'une lutte si lamentablement terminée.

Colonel Thomas.

Rambouillet, janvier 1896.

PREMIÈRE PÉRIODE

DE LA DÉCLARATION DE GUERRE AU BLOCUS

CHAPITRE Ier

SOMMAIRE

Situation politique de la France en Europe. — Principe des nationalités. — Lettre de la reine de Hollande à l'empereur Napoléon III, 13 juillet 1866.
La France et la Prusse : Etat moral de ces deux puissances.
Des causes qui amenèrent la déclaration de guerre. — Effets produits par les manifestations populaires exagérées.

Situation politique de la France en Europe.

« La perspective d'un duel entre la France et la Prusse excite l'inquiétude générale, frappe les esprits et tient les affaires en suspens », écrivait M. Guizot en 1868, dans une remarquable étude intitulée : *La France et la Prusse devant l'Europe.*

Et, en 1870, le piège dans lequel nous fit tomber M. de Bismarck rendit ce duel inévitable.

En présence de l'Europe, qui demeura impassible, l'Autriche et la Prusse venaient d'écraser le Danemark à Duppel. La France, de concert avec l'Angleterre, pouvait prêter son appui à ce vaillant pays; mais cette dernière, après avoir fourni quelques troupes de débarquement, se serait empressée de décliner la responsabilité des opérations militaires sur le continent et la France pouvait rester seule en présence de deux des meilleures armées de l'Europe; l'entreprise devenait donc téméraire. Cependant elle devait, en 1866, s'opposer à la guerre entre la Prusse et l'Autriche, ou au moins soutenir sa nouvelle alliée depuis Solferino. Mais, après avoir contribué à faire l'unité italienne, l'Empereur, fidèle au fatal principe des nationalités, laissa faire l'unité allemande sans penser qu'un jour la Prusse, en raison de ce même principe, chercherait à s'agrandir à notre détriment. Et, sans se déclarer ouvertement pour la Prusse ou pour l'Autriche, encourageant tour à tour l'une ou l'autre de ces deux rivales, au lieu de s'entourer d'alliés il ne se créa pour l'avenir que des ennemis ou des indifférents.

Sur ces entrefaites la Prusse, victorieuse à Sadowa, grandissait.

« Vous vous êtes fait d'étranges illusions, écrivait la reine de Hollande à l'empereur Napoléon III, le 18 juillet 1866, après la bataille de Custozza (1) ;

» Votre prestige a plus diminué dans cette dernière quinzaine qu'il n'a diminué pendant toute la durée du règne.

» Vous permettez de détruire les faibles, vous laissez grandir outre mesure l'insolence et la brutalité de votre plus proche voisin ; vous acceptez un cadeau et vous ne savez même pas adresser une bonne parole à celui qui vous le fait.

» Je regrette que vous me croyiez intéressée à la question, et que vous ne voyiez pas le danger d'une puissante Allemagne et d'une puissante Italie ; c'est la dynastie qui est menacée et c'est elle qui en subira les conséquences. Je le dis parce que telle est la vérité que vous reconnaîtrez trop tard.

---

(1) Lettre de la reine de Hollande à l'Empereur. (Papiers de l'Empire.)

» Ne croyez pas que le malheur qui m'accable dans le désastre de ma patrie me rende injuste ou méfiante; la Vénétie cédée, il fallait secourir l'Autriche, marcher sur le Rhin, imposer vos conditions.

» Laisser égorger l'Autriche, c'est plus qu'une faute, c'est un crime.

» Peut-être est-ce ma dernière lettre; cependant je croirais manquer à une ancienne et sérieuse amitié si je ne disais une dernière fois toute la vérité; je ne pense pas qu'elle soit écoutée, mais je veux pouvoir me répéter un jour que j'ai tout fait pour prévenir la ruine de ce qui m'avait inspiré tant de foi et tant d'affection. »

En 1867, l'empereur Napoléon III, après avoir laissé faire sans protester la guerre inique de 1866, préoccupé cependant de la puissance croissante de la Prusse et voulant obtenir des compensations, avait songé au duché de Luxembourg.

Avant les succès de la Prusse, une démonstration militaire sur le Rhin aurait suffi pour arrêter les prétentions du roi Guillaume; l'Empereur se posait ainsi en défenseur des traités sanctionnés par l'Europe et pouvait compter sur l'appui des puissances, tandis qu'en cherchant à annexer le Luxembourg, rattaché à la Hollande par des conventions internationales, il blessait le sentiment général et la France restait sans alliance.

La guerre entre la France et la Prusse apparaissait déjà à l'horizon; mais en la déclarant dans de telles conditions, c'était mettre de notre côté tous les torts et les désavantages.

« Occupons-nous à trouver des alliances, rallions à la cause française l'Autriche et l'Italie, disait M. Drouyn de Lhuis, notre ministre des affaires étrangères d'alors, et je serai le premier à conseiller à l'Empereur de faire la guerre, car je reconnais qu'il faut une réparation pour le préjudice que nous a causé la bataille de Sadowa ; mais il est imprudent de l'entreprendre seuls. »

Il a été reconnu depuis, que si l'Empereur n'est pas intervenu d'une façon active contre la Prusse après Sadowa, c'est parce qu'il pensait obtenir de M. de Bismarck les compensations que l'adroit chancelier laissait toujours espérer.

Le ministre du roi Guillaume ne promettait positivement rien, et, tout en ayant l'air de prendre les intérêts de la France, il dissimulait le refus dédaigneux qu'il opposa plus tard, réservant son attitude hautaine pour le moment qu'il trouverait opportun.

M. de Bismarck se retranchait alors derrière les sentiments tenaces et opiniâtres de Guillaume Ier : « J'aimerais mieux me faire hacher, s'écriait le vieux roi, plutôt que de céder une parcelle du territoire allemand ! »

Néanmoins, le malin chancelier affectait toujours de montrer de l'amitié pour la France et une vive sympathie pour l'Empereur.

« Je sais bien, disait-il à notre ambassadeur, M. Benedetti, qu'il est dur pour vous de n'obtenir aucun avantage du remaniement de la carte d'Europe et je comprends la position de l'Empereur vis-à-vis de son pays, mais le roi est intraitable et quand même je conseillerais un petit sacrifice à Sa Majesté, mon avis ne serait pas écouté. »

Le chancelier offrait alors hypocritement au gouvernement impérial la Belgique et la Suisse romande ; non seulement ce cadeau ne lui coûtait rien, mais il espérait ainsi mettre la France aux prises avec l'Angleterre (1).

---

(1) L'Empereur, ayant deviné les intentions perfides de M. de Bismarck, cherchait cependant à donner satisfaction à l'opinion publique de plus en plus surexcitée, sans toutefois créer à la France des complications européennes.

Il y avait à cette époque, dans la haute galanterie parisienne, une femme connue du Tout-Paris mondain par sa beauté et la renommée de ses amours princières. Mme Musard, dont les équipages rivalisaient avec ceux de l'Empereur et de M. de Morny, était la favorite du roi de Hollande Guillaume III.

Ce prince, qui avait alors 49 ans, avait épousé, le 18 juin 1839, la princesse Sophie-Frédérique-Mathilde, fille du roi Guillaume Ier de Wurtemberg ; elle avait un an de moins que lui, et sa sœur avait épousé le roi Jérôme de Westphalie, oncle de l'empereur Napoléon III. C'est ce qui explique l'intimité de la reine de Hollande avec l'Empereur, auquel elle donna de si sages conseils, comme l'indique la lettre citée au commencement de ce chapitre.

Guillaume III, qui, pendant la durée de son règne, s'était cependant sagement préoccupé des finances de son royaume, séduit par les charmes de Mme Musard, avait compromis avec elle sa fortune personnelle.

En 1867, le roi et Mme Musard étaient au premier quartier de leur lune de miel ; Guillaume III ne savait rien refuser à sa nouvelle idole, qui ne l'ignorait pas ; en femme prévoyante, elle ne se contentait pas seulement des incomparables diamants que son royal ami lui donnait à profusion, mais elle se faisait aussi offrir des cadeaux de toute sorte en obligations, actions et titres de rentes.

La fortune personnelle du roi ne suffisait plus à satisfaire les exigences de cette insatiable jolie femme, et sa liste civile était déjà très compromise.

J'étais alors capitaine aux cuirassiers de la garde impériale et voici ce que j'ai entendu raconter devant moi, dans une réunion intime, par M. Oscar Méding, confident et ami du roi de Hanovre Georges Ier, qui, dépossédé de son royaume après la bataille de Longensalza (14 juin 1866), comptait sur l'appui de la France pour rentrer dans ses Etats.

« Un jour, nous dit M. Méding, que Mme Musard, après avoir mis à

Cette politique expectante, devenant ainsi indécise, devait amener les tristes événements qui s'accomplirent trois ans après, et inquiétait sans rassurer personne.

On voulait jouir en France des avantages que peut procurer une bonne armée, mais ne pas cependant en avoir les charges.

« Est-ce la paix ? Est-ce la guerre ? » se demandait-on sans cesse.

---

sec son royal entreteneur, se plaignait amèrement, dans un cercle d'hommes du monde et de diplomates, de manquer un placement avantageux faute de fonds, l'un d'eux s'écria :

» — Dites donc au roi de vendre un de ses châteaux.

» — Mais il n'en a plus, répondit-elle.

» — Une province alors. »

Cette idée, qui parut extravagante, trouva cependant son application :

« Quelques jours après, ajouta M. Méding, Mme Musard se disposait à faire sa promenade triomphale au Bois quand on lui remit la carte de M. le baron de V., homme très habile et intime des Tuileries.

» — Guillaume III, dit-il à Mme Musard après une adroite entrée en matière, est à la fois roi de Hollande et grand-duc de Luxembourg ; c'est un domaine personnel dont il a la libre disposition. La Hollande a déclaré à plusieurs reprises que les affaires du Grand-Duché ne la regardaient pas, et, si la Prusse intervenait, le roi se trouverait dans une situation embarrassante ; il aurait cependant un moyen d'éviter ces ennuis en cédant à de superbes conditions le Luxembourg à la France. Les Luxembourgeois seraient consultés par un plébiscite comme la Savoie en 1860... Et M. de V., voyant que Mme Musard l'écoutait avec attention, ajouta en lui présentant une carte surmontée de l'N impériale et sur laquelle était écrit « Luxembourg, 10 millions ; achat des châteaux ; » cadeau 1 million ; signé Napoléon » : Voilà les propositions de l'Empereur.

» — Fort bien, dit Mme Musard, le roi arrive ce soir, je l'en aviserai. »

Cette piquante anecdote n'eut cependant pas le résultat qu'on en attendait. Le roi céda d'abord aux instances de son intrigante maîtresse mais, rentré en Hollande, il aperçut les conséquences qui en résulteraient.

M. de Bismarck, consulté, fit des réponses évasives en laissant entrevoir le veto qu'opposerait le roi de Prusse. L'affaire n'eut pas lieu.

Enfin au moment où de notre part une démonstration sur le Rhin pouvait encore modifier l'avenir, certains organes de la presse française, favorables à la Prusse, traitaient l'Autriche de puissance réactionnaire ; et l'Italie réclamait la Vénétie, promise par l'Empereur avant Magenta.

Nous n'étions du reste pas prêts à entrer en campagne : le maréchal Randon, ministre de la guerre, cédant aux instances de l'opposition, venait de diminuer sensiblement l'armée, en faisant décréter le licenciement de deux compagnies par régiment dans l'infanterie, de 40 batteries d'artillerie, de 30 escadrons dans la grosse cavalerie et la cavalerie de ligne, y compris la suppression du 2e cuirassiers de la garde ; de plus une guerre fâcheuse était engagée avec le Mexique.

La France et la Prusse.

Les agrandissements de la Prusse devaient tôt ou tard amener une lutte entre cette puissance et la France resserrée dans ses anciennes limites.

L'empereur Napoléon III, inquiet des événements qui transformaient la situation politique de l'Allemagne du Nord, comprit que pour satisfaire l'orgueil national stimulé et exaspéré, il fallait à tout prix conserver à la France le rang élevé qui lui était dû dans l'équilibre européen.

L'annexion du Luxembourg aurait pu lui faire regagner l'influence qu'elle avait perdue, en ne se mêlant pas des traités qui venaient de mettre un terme à la guerre entre la Prusse et l'Autriche, mais il n'y fallait plus songer. D'ailleurs la Prusse, obligée de retirer sa garnison de cette forteresse, ne pouvait adhérer à une semblable convention. C'était donc la guerre ou au moins une nouvelle cause d'inimitié.

Ce fut alors que le maréchal Niel, se préoccupant sérieusement de l'avenir, construisit des forts autour de Metz et commença à réorganiser l'armée.

L'année 1870 se présentait en Europe sous de favorables auspices et rien ne semblait devoir troubler le repos dont elle jouissait, quand la candidature d'un prince prussien au trône d'Espagne vint réveiller en France toutes les anciennes susceptibilités.

Cet incident — qui, dans d'autres temps n'eût provoqué que des notes diplomatiques — envenimé par le gouvernement prussien, souleva le pays tout entier, et le défi porté à la tribune par le ministre des affaires étrangères rendit dès lors tout arrangement impossible.

La France crut enfin trouver une solution aux questions depuis si longtemps en suspens, car, s'apercevant que l'influence de la Prusse augmentait chaque jour, elle reconnaissait aussi qu'entre elle et sa voisine les limites étaient insuffisantes.

Néanmoins, dédaignant de se tenir au courant de ce qui se passait à côté d'elle sur la rive droite du Rhin, elle n'avait pris aucune précaution importante.

La Prusse, au contraire, aussitôt après la guerre de 1866, envoyait de nombreux agents en Lorraine et en Alsace pour sonder l'esprit des populations allemandes et protestantes de nos frontières, comme elle l'avait fait, trois ans avant l'ouverture des hostilités, en Bohême et en Silésie. Dans presque toutes les fermes, les usines ou les fabriques de la Moselle, de la Meurthe, des Vosges et du Bas-Rhin, des employés, des ouvriers, des contremaîtres étaient prussiens : c'était une armée d'espions et d'éclaireurs qui se préparait, car à Berlin on avait déjà l'esprit des conquêtes.

« Les Badois devraient comprendre, disait le général de Moltke, que leur avenir est entre nos mains. Nous pourrons bientôt leur faire ou beaucoup de bien ou beaucoup de mal, quand nous serons en mesure de disposer de l'Alsace, et cela ne saurait tarder. En la réunissant au grand duché de Bade nous formerons une superbe province comprise entre les Vosges et la Forêt-Noire, traversée dans toute sa longueur par un beau fleuve. A coup sûr, aucun pays au monde ne se trouvera dans des conditions pareilles de bien-être et de prospérité... » (1).

Et tandis que la Prusse, envisageant froidement l'avenir, attendant une occasion favorable pour provoquer et attaquer la France, faisait d'immenses préparatifs, exaltait son esprit militaire et travaillait activement à fusionner les armées des états récemment annexés, des députés français demandaient à la Chambre la diminution de la nôtre, quelques-uns même son licenciement. Il est vrai qu'ils voulaient en échange que toute la nation fût armée ; on donne

---

(1) Extrait de la correspondance du général Ducrot au général Trochu. (Papiers de l'Empire.)

ainsi des fusils à l'émeute, mais on ne fait pas de soldats.

Cette armée dont quelques années auparavant nous avions lieu d'être fiers, jouissait alors d'une considération tellement minime que nous n'avions presque plus d'engagés volontaires.

Sous l'influence des idées de l'époque, le respect de nos vieilles traditions diminua, les règlements furent moins observés ; et la carrière des armes, que l'on entretenait autrefois par les rudes épreuves de la vie du soldat, n'étant plus considérée comme un poste d'honneur, la vie militaire ne devint pour le plus grand nombre qu'un champ de courses sur lequel se heurtèrent toutes les ambitions.

C'est dans ces conditions morales que la guerre fut déclarée, et, sans tenir compte des excellents renseignements donnés par le colonel Stoffel, attaché militaire à l'ambassade de Berlin, sans surtout nous préoccuper suffisamment de nos propres ressources, comptant trop volontiers sur l'intervention de 100.000 Italiens et de 300.000 Autrichiens, nous crûmes que nous étions prêts et, avec la confiance du caractère français, la lutte s'engagea sans crainte.

Cependant la lettre ci-jointe, adressée au général Frossard par le général Ducrot, prouve combien la Prusse s'endormait peu.

« Strasbourg, 28 octobre 1868.

» .... Je viens de voir, il y a quelques instants, Mme la comtesse de Pourtalès, qui arrive de Berlin. Prussienne par son mari et française de cœur, elle était en admiration devant tous les actes de M. de Bismarck, du roi Guillaume et de tous les Prussiens ; elle prétendait que rien ne pouvait motiver une guerre entre la France et la Prusse, que nous étions faits pour nous entendre et nous aimer ; bref, son langage était une variante poétique des discours et des circulaires Lavalette. Et voilà que cette adorable comtesse me déclare qu'elle arrive de Berlin la mort dans l'âme, que la guerre est inévitable, qu'elle ne peut manquer d'éclater au premier jour, que les Prussiens sont si bien préparés, si habilement dirigés, qu'ils sont assurés du succès.

» Mais, lui ai-je dit, on ne parle que des intentions pacifiques de nos chers voisins, de la salutaire terreur que nous leur inspirons, du désir de Bismarck d'éviter tout prétexte de conflit, et d'ailleurs nous renvoyons tous nos soldats dans leurs foyers et il est même question d'une réduction de cadres.

» — Ah ! général, s'est-elle écriée, c'est ce qu'il y a d'affreux ! Ces gens-là nous trompent indignement et comptent bien nous surprendre désarmés.

» Oui, le mot d'ordre est donné : en public on parle de paix, du désir de vivre en bonne intelligence avec nous ; mais lorsque dans l'intimité on cause avec tous ces gens de l'entourage du roi, ils prennent un air narquois et vous disent : « Est-ce que vous croyez à tout » cela ? Ne voyez-vous pas que les événements mar- » chent à grands pas, que rien désormais ne saurait » conjurer le dénouement ?

» Ils se moquent indignement de notre gouvernement, de notre armée, de notre garde mobile, de nos ministres, de l'Empereur, de l'Impératrice, — prétendant qu'avant peu la France sera une seconde Espagne.

» Enfin, croiriez-vous que le ministre de la maison du roi, M. de Sleimitz, a osé me dire que bientôt notre Alsace serait à la Prusse !

» Et si vous saviez quels énormes préparatifs, quelle confiance dans tous les rangs de la société et de l'armée !

» En vérité, général, je reviens attristée, pleine de trouble et de crainte ; j'en suis certaine maintenant, non, rien ne peut conjurer la guerre et quelle guerre ! (1).

.... »

En France, nos glorieuses luttes de Crimée et d'Italie nous avaient donné une telle confiance que les meilleurs avis furent repoussés ; et il faut reconnaître que ce sont deux femmes, la reine de Hollande et la comtesse de Pourtalès qui ont prévu les événements et ont donné les plus sages conseils, que, bien entendu, on s'est empressé de ne pas suivre.

Le Sénat avait approuvé la guerre à l'unanimité, le Corps législatif avec une immense majorité ; quelques membres de la Gauche seulement, soutenus par l'autorité de M. Thiers, s'y opposèrent par esprit de parti. Si la parole convaincue de ce courageux homme d'Etat avait été écoutée, la guerre était reculée, mais tôt ou tard elle aurait éclaté et peut-être encore dans des conditions plus désastreuses ; les allemands ne cher-

---

(1) Extrait de la correspondance du général Ducrot au général Frossard. (Papiers de l'Empire.)

chaient qu'un prétexte et auraient attendu que nous fussions complètement désarmés.

La France savait vaguement que la Prusse possédait une armée formidable; cependant, malgré l'opinion des hommes les plus sérieux qui prévoyaient que cette lutte serait longue et difficile, la nation paraissait la considérer comme nécessaire, et personne ne pensait alors qu'elle n'était, ainsi qu'il a été prétendu depuis, qu'une nécessité dynastique, puisque l'Empire venait encore d'être confirmé par un plébiscite qui lui avait donné une imposante majorité.

Des causes qui amenèrent la déclaration de guerre.

Quoique les fautes qui nous ont entraînés à de si grandes catastrophes soient dues à l'imprévoyante confiance de l'Empereur et à la coupable légèreté de ses ministres, la France toute entière doit prendre sa part de responsabilité.

Depuis Sadowa, les partis même ceux opposés à l'Empire, dans leurs discours aux Chambres ou par l'organe des journaux, avaient habitué le pays à la pensée d'une guerre avec la Prusse en la présentant comme un événement désirable.

Mais généralement peu au courant des rapports qui existaient entre les différents états de l'Allemagne, ils prétendaient que le joug de la Prusse y était subi avec mécontentement, et ces idées, grâce à la source ardente qui les avait produites, se répandirent et furent acceptées par l'opinion publique. Il n'est donc pas surprenant que la déclaration du ministre des affaires étrangères (6 juillet), après avoir été saluée par des applaudissements suivis d'un vote de confiance, ait été de la part de la presse française l'objet de louanges pour ainsi dire unanimes.

Les journaux de presque toutes les nuances poussant ainsi à la guerre, la province partagea l'exaltation fébrile de la capitale, et les esprits devinrent si animés que, dans un pareil moment, des négociations pacifiques eussent semblé humiliantes.

Le souverain qui avait dit à Bordeaux : « L'Empire c'est la paix », qui s'était hâté de terminer la guerre de Crimée par le congrès de Paris, celle d'Italie par l'entrevue de Villafranca, enfin l'expédition du Mexique, dès qu'il le put, savait combien sont incertaines les chances de la guerre. L'Empereur, malade, très fatigué, voulant préparer l'avènement de son fils, n'ignorait pas que le gouvernement autoritaire qui l'avait maintenu au pouvoir n'aurait pas le même résultat avec un enfant en tutelle; aussi prévoyait-il qu'à sa mort de graves complications surviendraient.

S'il avait donc pensé un instant qu'une victoire éclatante dut assurer glorieusement sa dynastie, il eût songé aussi qu'une campagne malheureuse pouvait la perdre.

Le gouvernement personnel, après avoir rallié les conservateurs de tous les partis, avait procuré à la France des années de prospérité, et on ressentait l'influence favorable d'un caractère énergique, quand la guerre d'Italie et plus tard l'expédition du Mexique, malgré la gloire de nos armes, devinrent toutes deux des fautes politiques.

Ensuite, avec l'agrandissement considérable de Paris, l'accomplissement trop rapide de travaux gigantesques, — l'accroissement du confortable et du luxe dont ils furent la conséquence et qui attirèrent dans notre capitale tous les ambitieux ou les oisifs de la province; — enfin, avec la réunion d'une population ouvrière cosmopolite à laquelle il fallait des distractions et des salaires élevés, l'Empereur, pour améliorer surtout le sort des travailleurs, dont il se préoccupait avec une sollicitude constante, créant ainsi un bien-être superficiel, prépara un mouvement social qui devait le déborder et devenir funeste pour la France.

A bout de ressources, ayant essayé de tous les expédients, — sur la pente fatale des concessions arrachées par la nécessité — abandonnant les gens qui pouvaient le soutenir, — flattant les nombreux mécontents qui, déjà comblés de ses faveurs ou de ses bienfaits, en redemandaient encore avec une insatiable audace comme prix d'un dévouement factice, Napoléon III, obligé de lutter sans cesse contre les partis extrêmes, raffermi cependant par le plébiscite, s'abandonna à une confiance regrettable et déclara la guerre à la Prusse en considérant peut-être cette mesure comme un dérivatif; il y fut du reste encouragé par ses ministres, qui lui affirmèrent qu'une pareille guerre serait sympathique et nationale.

Son entourage surtout accueillit avec empressement cette occasion qu'il croyait bonne pour faire une marche triomphale en Allemagne.

Et cet enthousiasme s'étant répandu à la surface du pays, en quittant Paris pour se rendre à l'armée, l'Empereur put dire au président du Corps législatif : « Nous avons essayé d'éviter la guerre, mais c'est la nation tout entière qui, dans son irrésistible élan, a dicté mes résolutions. »

En dernier lieu, ses fautes militaires lui avaient retiré toute espèce d'initiative ; néanmoins, les ministres rejetaient toujours sur lui la responsabilité, et il était dans une position telle que, forcé de céder aux conseils venant de Paris, ne pouvant plus opérer ni comme chef d'armée, ni comme chef du gouvernement dont il avait confié la régence à l'Impératrice, il ne restait plus à l'Empereur, pour sauver l'honneur de son nom, qu'à se faire tuer à la tête d'un régiment. Cette fin, digne d'un souverain malheureux, aurait certainement calmé les esprits, peut-être raffermi sa dynastie et évité à la France les désastres qui l'accablèrent ensuite, en permettant de traiter honorablement avec l'ennemi.

Quant aux manifestations populaires, qui passent souvent à tort pour être l'expression la plus saine de l'opinion publique, elles proviennent généralement de certains chercheurs d'émotions.

Quelques mois auparavant on demandait la suppression de l'armée, maintenant les mêmes voulaient la guerre à outrance ; cependant les obstacles qui se présentaient ne devaient pas s'aplanir devant des paroles retentissantes ou des cris d'enthousiasme.

Le patriotisme exalté enfante de grandes choses quand il est soutenu par un profond sentiment national ; mais il cause des malheurs qui retombent sur toute une nation lorsqu'il n'existe qu'à la surface et n'est que le résultat d'un enthousiasme irréfléchi.

Les hommes de cœur, pour sauver la patrie, donnent alors leur fortune et leur sang en prenant à eux seuls la responsabilité d'actes qu'ils n'ont eu que la faiblesse d'accepter; tandis que les véritables instigateurs se tiennent prudemment à l'écart pour reparaître plus bruyants que jamais quand le danger a disparu.

CHAPITRE II

SOMMAIRE

Préparatifs de guerre. — Comparaison de l'organisation militaire de la France avec celle de la Prusse. — Composition des différents corps. — Leur disposition sur la frontière au commencement de la campagne. — Insuffisance de l'approvisionnement et de l'armement des places fortes. — Dépêches télégraphiques. — Arrivée de l'Empereur à Metz. — Sa proclamation à l'armée. — Composition et disposition de l'armée prussienne.

Préparatifs de guerre.

Les préparatifs se firent aussi promptement que possible, en tenant compte du désordre qu'occasionnent toujours dans un pareil moment les complications d'un système militaire qui présentait alors tant d'inconvénients.

Nos régiments, réduits aux effectifs de paix, n'étaient ni embrigadés ni endivisionnés, à l'exception de la garde, des divisions actives du camp de Châlons, de Lyon et de l'armée de Paris, et encore très incomplets.

Il fallut tout de suite rappeler les réserves, les habiller, les armer, et en même temps organiser les gardes mobiles, qui, dans la plupart des départements, ayant à peine tous leurs officiers nommés, n'avaient pas été seulement une seule fois réunis.

Il nous restait beaucoup à faire; cependant le temps pressait, car l'armée prussienne était prête, et si on compare notre organisation militaire de cette époque à celle de la Prusse, on trouve immédiatement les causes de notre infériorité numérique.

Quand une puissance modifie le recrutement de son armée, il s'écoule forcément un certain nombre d'années avant que la nouvelle loi puisse être appliquée dans tous ses détails. C'est ainsi qu'en Prusse la loi de 1861, complétée par celle de 1867, ne devait avoir son entière application qu'en 1871, et celle de 1867 en France vers 1878 seulement.

La Prusse allait donc pouvoir jouir complètement des avantages de cette nouvelle organisation, tandis que la France était encore bien loin des résultats que pouvait lui donner la loi de 1868.

Dans l'armée prussienne, le service militaire était obligatoire : elle avait des classes entières, tandis que nous n'avions que des contingents.

En France, nos réserves, de l'instruction desquelles on se préoccupait peu, devaient se réunir au chef-lieu de leur département pour être d'abord dirigées sur leurs dépôts et rejoindre ensuite leurs régiments, déjà en marche. — En Prusse, les réserves se trouvaient à côté de leur régiment et toutes avaient passé trois ans sous les drapeaux. En outre, la Prusse possédait dans son armée active beaucoup plus de régiments que la France ; sa landwehr était instruite et notre garde mobile existait à peine. — Chez nous on libérait définitivement les hommes au moment où en Prusse ils entraient dans la landwehr.

Enfin nos régiments, éparpillés au hasard dans les différentes garnisons, devenaient très difficiles à concentrer ; — en Prusse, au contraire, l'armée était toujours organisée en divisions et corps d'armée.

Néanmoins, malgré tous ces inconvénients, on se mit à l'œuvre, déployant de toutes parts une grande activité et, en moins de quinze jours, on réunissait sur la frontière une armée dont nos meilleures troupes faisaient partie.

Formée de sept corps, y compris la garde, elle s'étendait du Rhin à la Moselle pour observer quatre-vingts lieues de frontière de Sierck à Bâle.

Cette armée, remplie d'ardeur, était encore encouragée dans ses sentiments belliqueux par les vœux et les démonstrations touchantes des généreuses populations qui l'acclamaient sur son passage, surtout vers nos provinces de l'Est, car un confiant espoir dans le succès de nos armes y animait tous les cœurs.

L'Empereur en avait pris le commandement, ayant le maréchal Le Bœuf pour major général et les généraux Le Brun et Jarras comme chefs d'état-major.

Les différents corps devaient être composés ainsi qu'il suit :

1ᵉʳ CORPS

Maréchal MAC-MAHON.

Chef d'état-major : général Colson.

1ʳᵉ Division : Général DUCROT.	1ʳᵉ brigade : général Mérane.	13ᵉ bataillon de chasseurs. 43ᵉ de ligne. 72ᵉ —
	2ᵉ brigade : général de Portis de Houldec.	45ᵉ de ligne. 74ᵉ —

L'ARMÉE DE METZ

2ᵉ Division:
Général Douay (Abel).
- 1ʳᵉ brigade: général de Montmary.
  - 16ᵉ bataillon de chasseurs.
  - 50ᵉ de ligne.
  - 78ᵉ —
- 2ᵉ brigade: général Pellé.
  - 1ᵉʳ Zouaves.
  - 1ᵉʳ Tirailleurs.

3ᵉ Division:
Général Raoult.
- 1ʳᵉ brigade: général L. Hérillier.
  - 8ᵉ bataillon de chasseurs.
  - 36ᵉ de ligne.
  - 4ᵉ —
- 2ᵉ brigade: général Lefebvre.
  - 2ᵉ Zouaves.
  - 2ᵉ Tirailleurs.

4ᵉ Division:
Général de Lartigue.
- 1ʳᵉ brigade: général Fraboulet de Kerléadec.
  - 1ᵉʳ bataillon de chasseurs.
  - 56ᵉ de ligne.
  - 87ᵉ —
- 2ᵉ brigade: général Lacretelle.
  - 3ᵉ Zouaves.
  - 3ᵉ Tirailleurs.

Cavalerie:
Général Duhesme.
- 1ʳᵉ brigade: général de Septeuil.
  - 3ᵉ Hussards.
  - 11ᵉ Chasseurs.
- 2ᵉ brigade: général de Nansouty.
  - 2ᵉ et 6ᵉ Lanciers.
  - 10ᵉ Dragons.
- 3ᵉ brigade: général Michel.
  - 8ᵉ Cuirassiers.
  - 9ᵉ —

IIᵉ CORPS

Général Frossard.

Chef d'état-major: général Saget.

1ʳᵉ Division:
Général Vergé.
- 1ʳᵉ brigade: général Valazé.
  - 3ᵉ bataillon de chasseurs.
  - 32ᵉ de ligne.
  - 55ᵉ —
- 2ᵉ brigade: général Jolivet.
  - 76ᵉ de ligne.
  - 77ᵉ —

2ᵉ Division:
Général Bataille.
- 1ʳᵉ brigade: général Pouget.
  - 12ᵉ bataillon de chasseurs.
  - 8ᵉ de ligne.
  - 23ᵉ —
- 2ᵉ brigade: général Bastoul.
  - 66ᵉ de ligne.
  - 67ᵉ —

3ᵉ Division:
Gᵃˡ de Lavaucoupet.
- 1ʳᵉ brigade: général Doëns.
  - 10ᵉ bataillon de chasseurs.
  - 2ᵉ de ligne.
  - 64ᵉ —
- 2ᵉ brigade: général Micheler.
  - 24ᵉ de ligne.
  - 40ᵉ —

Cavalerie :
Général Lichtlin.
- 1re brigade : général de Valabrègue.
  - 4e Chasseurs.
  - 5e —
- 2e brigade : général Bachelier.
  - 7e Dragons.
  - 12e —

IIIe CORPS

Maréchal Bazaine.

Chef d'état-major : général Manèque.

1re Division : Général Montaudon.
- 1re brigade : général Aymard.
  - 18e bataillon de chasseurs.
  - 15e de ligne.
  - 52e —
- 2e brigade : général Clinchant.
  - 81e de ligne.
  - 95e —

2e Division : Général de Castagny.
- 1re brigade : général Cambriels.
  - 15e bataillon de chasseurs.
  - 19e de ligne.
  - 4e —
- 2e brigade : général Duplessis.
  - 69e de ligne.
  - 90e —

3e Division : Général Metmann.
- 1er brigade : général de Potier.
  - 7e bataillon de chasseurs.
  - 7e de ligne.
  - 29e —
- 2e brigade : général Arnaudeau.
  - 59e de ligne.
  - 71e —

4e Division : Général Decaen.
- 1re brigade : général de Bauer.
  - 11e bataillon de chasseurs.
  - 44e de ligne.
  - 60e —
- 2e brigade : général Sangle-Ferrières.
  - 80e de ligne.
  - 85e —

Cavalerie : Gal de Clerembault.
- 1re brigade : général de Bruchard.
  - 2e Chasseurs.
  - 3e —
  - 10e —
- 2e brigade : général de Maubranches.
  - 2e Dragons.
  - 4e —
- 3e brigade : général de Juniac.
  - 5e Dragons.
  - 8e —

IVᵉ CORPS

Général DE LADMIRAULT.

Chef d'état-major : général Osmont.

1ʳᵉ Division : Général DE CISSEY.	1ʳᵉ brigade : général Brayer.	20ᵉ bataillon de chasseurs. 1ᵉʳ de ligne. 6ᵉ —	
	2ᵉ brigade : général de Golberg.	57ᵉ de ligne. 73ᵉ —	
2ᵉ Division : Général ROZE.	1ʳᵉ brigade : général Bellecourt.	5ᵉ bataillon de chasseurs. 13ᵉ de ligne. 43ᵉ —	
	2ᵉ brigade : général Pradier.	64ᵉ de ligne. 98ᵉ —	
3ᵉ Division : Général DE LORENCEZ.	1ʳᵉ brigade : général Pajol.	15ᵉ de ligne. 33ᵉ —	
	2ᵉ brigade : général Berger.	34ᵉ de ligne. 65ᵉ —	
Cavalerie : Général LEGRAND.	1ʳᵉ brigade : général de Montaigu.	2ᵉ Hussards. 7ᵉ —	
	2ᵉ brigade : général de Gondrecourt.	3ᵉ Dragons. 11ᵉ —	

Vᵉ CORPS

Général DE FAILLY.

Chef d'état-major : général Besson.

1ʳᵉ Division : Général GOZE.	1ʳᵉ brigade : général Grenier.	4ᵉ bataillon de chasseurs. 11ᵉ de ligne. 46ᵉ —
	2ᵉ brigade : général Nicolas.	61ᵉ de ligne. 86ᵉ —
2ᵉ Division : Général DE L'ABBADIE.	1ʳᵉ brigade : général Lapasset.	14ᵉ bataillon de chasseurs. 47ᵉ de ligne. 84ᵉ —
	2ᵉ brigade : général de Maussion.	88ᵉ de ligne. 97ᵉ —

3ᵉ Division : GUYOT DE L'ESPART.
- 1ʳᵉ brigade : général Abbatucci.
  - 19ᵉ bataillon de chasseurs.
  - 17ᵉ de ligne.
  - 27ᵉ —
- 2ᵉ brigade : général de Fontanges.
  - 30ᵉ de ligne.
  - 68ᵉ —

Cavalerie : Général BRAHAUT.
- 1ʳᵉ brigade : général de Bernis.
  - 5ᵉ Hussards.
  - 12ᵉ Chasseurs.
- 2ᵉ brigade : général de la Mortière.
  - 3ᵉ Lanciers.
  - 5ᵉ —

VIᵉ CORPS

Maréchal CANROBERT.

Chef d'état-major : général Henry.

1ʳᵉ Division : Général TIXIER.
- 1ʳᵉ brigade : général Pechot.
  - 9ᵉ bataillon de chasseurs.
  - 4ᵉ de ligne.
  - 10ᵉ —
- 2ᵉ brigade : général Leroy de Doys.
  - 12ᵉ de ligne.
  - 100ᵉ —

2ᵉ Division : Général BISSON.
- 1ʳᵉ brigade : général Noël.
  - 9ᵉ de ligne.
  - 14ᵉ —
- 2ᵉ brigade : général Maurice.
  - 20ᵉ de ligne.
  - 31ᵉ —

3ᵉ Division : Gᵉˡ LAFONT DE VILLIERS.
- 1ʳᵉ brigade : général de Sonnay.
  - 75ᵉ de ligne.
  - 91ᵉ —
- 2ᵉ brigade : général Collin.
  - 93ᵉ de ligne.
  - 94ᵉ —

4ᵉ Division : Gᵃˡ LEVASSOR-SORVAL.
- 1ʳᵉ brigade : général de Marguenot.
  - 25ᵉ de ligne.
  - 26ᵉ —
- 2ᵉ brigade : général de Chanaleilles.
  - 28ᵉ de ligne.
  - 70ᵉ —

Cavalerie : Général DE FÉNÉLON.
- 1ʳᵉ brigade : général Tillard.
  - 1ᵉʳ Hussards.
  - 6ᵉ Chasseurs.
- 2ᵉ brigade : général Savaresse.
  - 1ᵉʳ Lanciers.
  - 7ᵉ —
- 3ᵉ brigade : général de Béville.
  - 5ᵉ Cuirassiers.
  - 6ᵉ —

VII⁰ CORPS

Général Douay (Félix).

Chef d'état-major : général Ranson.

1ʳᵉ Division : Gᵃˡ Conseil-Dumesnil.	1ʳᵉ brigade : général Nicolaï. 2ᵉ brigade : général Maire.	17ᵉ bataillon de chasseurs. 3ᵉ de ligne. 21ᵉ — 47ᵉ de ligne. 99ᵉ —
2ᵉ Division : Général Liebert.	1ʳᵉ brigade : général Guaymond. 2ᵉ brigade : général de Labastide.	6ᵉ bataillon de chasseurs. 5ᵉ de ligne. 37ᵉ — 53ᵉ de ligne. 89ᵉ —
3ᵉ Division : Général Dumont.	1ʳᵉ brigade : général Bordas. 2ᵉ brigade : général Casseval de Préchaunel.	52ᵉ de ligne. 79ᵉ — 82ᵉ de ligne. 93ᵉ —
Cavalerie : Général Ameil.	1ʳᵉ brigade : général Cambriels. 2ᵉ brigade : général Joly-Ducolombier.	4ᵉ Hussards. 4ᵉ Lanciers. 8ᵉ — 6ᵉ Hussards. 6ᵉ Dragons.

GARDE

Général Bourbaki.

Chef d'état-major : général d'Auvergne.

1ʳᵉ Division : Général Deligny.	1ʳᵉ brigade : général Brincourt. 2ᵉ brigade : général Garnier.	1ᵉʳ Voltigeurs. 2ᵉ — Chasseurs. 3ᵉ Voltigeurs. 4ᵉ —

2ᵉ Division : Général Picard.	1ʳᵉ brigade : général Jeaningros.	Zouaves. 1ᵉʳ Grenadiers.
	2ᵉ brigade : général Poitevin de Lacroix.	2ᵉ Grenadiers. 3ᵉ —
Cavalerie : Général Desvaux.	1ʳᵉ brigade : général du Frétay.	Chasseurs. Guides.
	2ᵉ brigade : général de France.	Lanciers. Dragons.
	3ᵉ brigade : général du Preuil.	Cuirassiers. Carabiniers.

Outre la cavalerie de ces corps, il existait aussi trois divisions de réserve destinées à être employées selon les besoins ; elles contenaient environ 7 à 8.000 chevaux :

1ʳᵉ Division : Général du Barail.	1ᵉʳ, 2ᵉ, 3ᵉ et 4ᵉ Chasseurs d'Afrique.
2ᵉ Division : Général Bonnemains.	1ᵉʳ, 2ᵉ, 3ᵉ et 4ᵉ Cuirassiers.
3ᵉ Division :	1ᵉʳ et 9ᵉ Dragons. 7ᵉ et 10ᵉ Cuirassiers.

L'artillerie, à raison de trois batteries par division d'infanterie, dont une de mitrailleuses et deux de 4. Les divisions de cavalerie ne possédaient que deux batteries à cheval de 4.

Réserve de corps.	Pour les corps de 4 divisions.	4 batteries à cheval de 4. 4 batteries montées (dont 2 de 4 et 2 de 12).
	Pour les corps de 3 divisions.	2 batteries à cheval de 4. 4 batteries montées (dont 2 de 4 et 2 de 12.
Réserve générale de l'armée.		8 batteries à cheval de 4. 8 batteries montées de 12.

Ce fut seulement devant Metz que l'on transforma en batteries de 12 celles de 4 de la réserve des corps, en employant à cet usage les pièces de campagne qui se trouvaient à l'arsenal.

La difficulté de rappeler promptement les congédiés et les réservistes fit que la plupart des corps restaient sur le pied de paix, car les hommes de la réserve, au lieu de rejoindre tout de suite les régiments qui se trouvaient dans leur département pour y être immédiatement incorporés, étaient alors obligés de traverser quelquefois toute la France avant d'arriver à leur dépôt. Ensuite, après avoir été armés et réhabillés, ils rejoignaient seulement l'armée active avec des pertes de temps et des frais considérables qui furent évités depuis pour rendre plus facile le passage du pied de paix au pied de guerre.

Dans ces conditions, les régiments d'infanterie les plus forts n'avaient pu réunir que 3 bataillons à six compagnies; chaque compagnie contenait environ 125 hommes.

La cavalerie, pour former 4 escadrons à 110 chevaux et 5 dans la garde, avait tout emmené; les dépôts ne contenaient plus que les cadres d'un escadron et les non-valeurs.

L'artillerie avait le calibre de 4 avec les divisions; celui de 12 existait surtout dans les réserves. Tous les corps possédaient des mitrailleuses, mais les parcs n'étaient pas complètement formés.

En outre, tous nos régiments n'ayant pas avec eux pendant la paix le matériel de campagne, très peu arrivèrent, même avec difficulté, à le compléter tout de suite, et plusieurs ne l'eurent jamais en entier.

On put alors s'apercevoir que, pour faire la guerre,

il fallait y être préparé de longue main, en prévoyant les moindres détails, mais surtout ne pas s'appuyer sur ces théories creuses qui préconisaient les levées en masse et supprimaient les troupes régulières. Les levées en masse, animées d'un ardent patriotisme, ne sont utiles qu'autant qu'elles sont bien encadrées et bien commandées.

En arrière de cette première armée, il restait les 4ᵉˢ bataillons, nouvellement formés, les escadrons de dépôt des régiments de cavalerie, une partie des troupes de Lyon et d'Afrique, le corps expéditionnaire de Rome, enfin les mobiles dont les idées antimilitaires donnèrent d'abord lieu à de fâcheux exemples d'indiscipline; ils ont montré depuis le bon parti que l'on aurait pu tirer d'eux s'ils avaient été mieux exercés.

La loi sur les engagements pour la durée de la guerre produisit à la Chambre un enthousiasme indescriptible. On supposait qu'elle fournirait au moins 300.000 jeunes gens; elle en donna à peine 3.000 et beaucoup d'entre eux, employés dans les états-majors près des généraux, des intendants, dans les bureaux, ne parurent jamais à leur régiment.

Nos différents corps entrèrent en campagne disposés de la manière suivante :

7ᵉ corps, — général Douai, — 18.000 hommes, en formation sur le Rhin depuis Bâle, se reliant au maréchal de Mac-Mahon .... 18.000.

1ᵉʳ corps, — maréchal de Mac-Mahon, — 30.000 hommes de Strasbourg aux Vosges, appuyé aux lignes de Wissembourg .... 30.000.

5ᵉ corps, — général de Failly, — 20.000 hommes.

la droite dans les Vosges, de Bitche à Sarreguemines .... 20.000.

2ᵉ corps, — général Frossard, — 20.000 hommes de Sarreguemines à Forbach.................. 20.000.

3ᵉ corps, — maréchal Bazaine, — 30.000 hommes, couvrant Metz en avant de Boulay.......... 30.000.

4ᵉ corps, — général de Ladmirault, — 20.000 hommes, pour défendre la frontière jusqu'à Sierck. 20.000.

Les 1ᵉʳ, 5ᵉ et 7ᵉ corps provisoirement sous le commandement en chef du maréchal de Mac-Mahon.

Ces six corps étaient appuyés sur deux places fortes, Metz et Strasbourg, distantes de 40 lieues et formant une première ligne très mince ayant ses ailes adossées à Belfort et à Thionville, la droite au Rhin en face de Bâle, la gauche à la Moselle.

En arrière de cette ligne, 18.000 hommes de la garde, général Bourbaki, se concentraient à Metz; et le 6ᵉ corps, maréchal Canrobert, environ 30.000 hommes, achevait de se former à Châlons.

Quand la guerre fut déclarée, nos places fortes, qui devaient être défendues par les mobiles, avaient des armements et des approvisionnements tout à fait insignifiants; de plus, on était loin d'être pourvu de tout, comme le prouvent les dépêches télégraphiques suivantes trouvées au château de Saint-Cloud.

« *Intendant général à Blondeau, directeur administration Guerre, Paris.*

» Metz, 20 juillet 1870, 9 h. 50 matin.

» Il n'y a à Metz ni sucre, ni café, ni riz, ni eau-de-vie, ni sel ; pas de lard et de biscuit.

» Envoyez d'urgence au moins un million de rations sur Thionville. »

« *Général commandant 4ᵉ corps au major général, Paris.*

» Thionville, 24 juillet 1870, 9 h.

» Le 4ᵉ corps n'a encore ni cantines, ni ambulances, ni voitures d'équipages pour les corps et les états-majors ; tout est complètement dégarni. »

« *Intendant 3ᵉ corps à Guerre, Paris.*

» Metz, le 24 juillet 1870, 2 heures soir,

» Le 3ᵉ corps quitte Metz demain ; je n'ai ni infirmiers, ni ouvriers d'administration, ni caissons d'ambulance, ni fours de campagne, ni train, ni instruments de pesage ; à la 4ᵉ division et à la division de cavalerie, je n'ai pas même un fonctionnaire.

» Je prie Votre Excellence de me tirer de l'embarras où je suis, le grand quartier général ne pouvant me venir en aide, bien qu'il y ait plus de 10 fonctionnaires. »

« *Sous-Intendance à Guerre, 6ᵉ direction, bureau des subsistances, Paris.*

« Mézières, 25 juillet 1870, 9 h. 20, matin.

» Il n'y a aujourd'hui, dans les places de Mézières et de Sedan, ni biscuit ni salaisons. »

« *Intendant chef à Guerre, Paris.*

» Metz, 26 juillet 1870, 8 h. 47 soir.

» Par suite du manque absolu de boulangers et de l'impossibilité d'en trouver dans la classe civile, malgré les marchés passés pour fourniture à la ration, les nombreuses troupes en dehors de Metz sont obligées pour vivre de consommer le biscuit, qui devrait servir de réserve et qui n'arrive pas d'ailleurs dans une proportion suffisante. Il n'est arrivé, avec les 120.000 hommes de l'armée, que 38 boulangers. »

L'Empereur, voyant combien toutes ces lenteurs pouvaient devenir graves, écrivit lui-même la dépêche suivante :

« *Au général Déjean, ministre de la guerre, Paris.*

» Saint-Cloud, 26 juillet, 6 h. 45 soir.

» Je vois qu'il manque des biscuits et du pain à l'armée.

» Ne pourrait-on pas faire cuire le pain à la manutention à Paris et l'envoyer à Metz ? »

A la date du 27 juillet il n'y avait pas encore, à Metz, de munitions de canons à balles :

« *Colonel directeur du parc 3ᵉ corps à directeur artillerie, ministère de la guerre.*

» Metz, le 27 juillet 1870, 12 h. 30 soir.

» Les munitions de canons à balles n'arrivent pas. »

Les difficultés continuaient à exister et à la date du 27 juillet, les détachements arrivaient sans cartouches et sans matériel de campagne.

« *Intendant à Guerre, Paris.*

» Metz, 27 juillet 1870, 10 h. 30.

» L'intendant du 1ᵉʳ corps m'informe qu'il n'a encore ni sous-intendant, ni soldats du train, ni ouvriers d'administration, et que, faute de personnel, il ne peut encore rien constituer, ni atteler aucun caisson. »

« *Major général à Guerre, Paris.*

» Metz, 27 juillet 1870, 12 h. 30 soir.

» Les détachements qui rejoignent l'armée arrivent toujours sans cartouches et sans campement. »

« *Intendant du 1ᵉʳ corps à Guerre, Paris.*

» Strasbourg, 28 juillet 1870, 7 h. 25 soir.

» Le 1ᵉʳ corps doit se porter en avant ; je n'ai encore reçu ni un soldat du train, ni un ouvrier d'administration ; il est indispensable que ces moyens m'arrivent sans aucun retard.

» MM. les sous-intendants Geil, Bruyère et Fagès ne sont pas encore arrivés. »

« *Major général à Guerre, Paris.*

» Metz, 29 juillet 1870, 5 h. matin.

» Je manque de biscuit pour marcher en avant.
» Dirigez sans retard sur Strasbourg tout ce que vous avez dans les places de l'intérieur. »

« *Major général à Guerre, Paris.*

» Metz, le 29 juillet 1870, 10 h. matin.

» Le général de Failly réclame avec instance du campement ; les tentes-abris, couvertures, bidons, gamelles, sont en nombre insuffisant ; les hommes qui rejoignent le 5e corps arrivent presque tous sans campement, sans marmites ; il estime qu'il lui faudrait du campement pour 5.000 hommes. »

Non seulement il nous manquait des vivres, des munitions, du campement, de l'armement, des effets d'habillement, mais nos états-majors n'avaient pas encore pu se procurer les cartes qui convenaient aux opérations militaires.

« *Général commandant 2e corps à Guerre, Paris.*

» Versailles, 21 juillet 1870, 8 h. 55 matin.

» Le dépôt envoie énormes paquets cartes inutiles pour le moment. N'avons pas une carte de la frontière de France. Serait préférable d'envoyer en plus grand nombre ce qui serait utile et dont nous manquons complètement. »

Les généraux, désignés à la hâte, non seulement ne connaissaient pas leurs troupes, mais encore ne savaient où les trouver ; et, à peine nommés, ils recevaient l'ordre de se porter en avant.

« *Général Michel à Guerre, Paris.*

» Belfort, 21 juillet 1870, 7 h. 30 matin.

» Suis arrivé à Belfort ; pas trouvé ma brigade, pas trouvé général de division. Que dois-je faire ? Sais pas où sont mes régiments. »

« *Général de Labastide au général Douay,
Paris, quai de Billy, 80.*

» Belfort, 27 juillet 1870, 3 h. 57 matin.

» Général de Labastide envoie au général Douay la dépêche suivante :
« Le major général au général Douay, commandant
» le 7ᵉ corps.
« Où en êtes-vous de votre formation ? Où sont vos
» divisions ? L'Empereur vous commande de hâter
» cette formation pour rejoindre le plus vite possible
» Mac-Mahon dans le Bas-Rhin. »

On retirait les garnisons de nos places fortes, mais elles n'étaient remplacées ni par des mobiles ni par des gardes nationaux.

« *Général Ducrot à Guerre, Paris.*

» Strasbourg, 20 juillet, 8 h. 30 matin.

» Demain il y aura à peine cinquante hommes pour garder les places de Neuf-Brisach et Fortmortier. Schlestadt, la Petite-Pierre et Lichtemberg sont également dégarnis. C'est la conséquence des ordres que nous exécutons. Il serait facile de trouver des ressources dans la garde nationale mobile et dans la garde nationale sédentaire; mais je ne me crois pas autorisé à rien faire, puisque Votre Excellence ne m'a donné aucun pouvoir.

» Il paraît positif que les Prussiens occupent déjà les défilés de la Forêt-Noire. »

La marine aurait pu faire une diversion utile, mais elle n'avait aucun renseignement ni sur la mer du Nord, ni sur la Baltique :

« *Vice-amiral commandant en chef à Marine, Paris.*

« Brest, 27 juillet 1870, 7 h. 55 soir.

» L'amirauté de Brest est dépourvue de cartes du Nord et Baltique; il en faudrait onze séries à escadre actuelle. »

Toutes ces dépêches n'ont pas besoin de commentaires pour montrer sous quels auspices nous commencions la guerre; et, le 25 juillet, il y avait eu déjà des engagements d'avant-postes.

L'Empereur, arrivé à Metz le 28, adressa aussitôt à l'armée la proclamation suivante :

« Soldats !

» Je viens me mettre à votre tête pour défendre l'honneur et le sol de la Patrie.

» Vous allez combattre une des meilleures armées de l'Europe ; mais d'autres qui valaient autant qu'elle n'ont pu résister à votre bravoure ; il en sera de même aujourd'hui.

» La guerre qui commence sera longue et pénible, car elle aura pour théâtre des lieux hérissés d'obstacles et de forteresses ; mais rien n'est au-dessus des efforts persévérants des soldats d'Afrique, de Crimée, d'Italie, de Chine, du Mexique !

» Vous prouverez une fois de plus ce que peut une armée française animée du sentiment du devoir, maintenue par la discipline, enflammée par l'amour de la Patrie.

» Quel que soit le chemin que nous prenions hors de nos frontières, nous y trouverons les traces glorieuses de nos pères.

» Nous nous montrerons dignes d'eux.

» La France entière vous suit de ses vœux ardents, et l'univers a les yeux sur vous.

» De vos succès dépend le sort de la liberté et de la civilisation.

» Soldats, que chacun fasse son devoir et le Dieu des armées sera avec nous !

» Au quartier impérial de Metz, le 28 juillet 1870.

» Napoléon. »

Au 28 juillet, l'armée de Metz qui devait avoir 150.000

combattants, n'en avait que 100.000; celle de Strasbourg était seulement de 40.000, et nous ignorions tout à fait les mouvements et la marche de l'ennemi.

Pendant qu'il nous restait encore tant à faire, l'armée prussienne, solidement constituée, — toujours organisée sur le pied de paix comme sur le pied de guerre, orgueilleuse de ses derniers succès à Sadowa, ayant ses chefs, connaissant ses généraux, embrigadée, endivisionnée, exercée, — pouvait facilement rappeler des réserves, comblait aussitôt les vides et présentait trois grandes armées.

La Ire, général Steinmetz : 1er, 7e et 8e corps, avec une division de cavalerie, sur la Moselle.

La IIe, prince Frédéric-Charles : garde, 3e, 4e, 9e et 10e corps, sur la Nahe.

La IIIe, Prince royal de Prusse : 5e et 11e corps et 2e bavarois, une division wurtembergeoise et une division badoise, en face de Landau.

En arrière, d'autres corps, faisant partie de l'armée fédérale sous les ordres du roi, se formaient pour compléter ces trois armées, et chacun de ces corps ne contenant pas moins de 30.000 combattants, aux premiers bruits de guerre, prenaient leur place de bataille sur la frontière.

C'était au moins quinze corps à opposer aux six nôtres déployés de Strasbourg à Thionville, y compris la garde, car le général Douay, à peine formé, ne pouvait d'ailleurs être d'aucune utilité de ce côté, puisqu'il observait le Rhin entre Strasbourg et Bâle. En même temps le maréchal Canrobert achevait de s'organiser au camp de Châlons.

Sur toute la ligne, environ 146.000 Français, n'ayant à compter pour le moment comme appui que sur le corps Canrobert, étaient opposés à 390.000 Allemands soutenus par des réserves puissantes.

CHAPITRE III

SOMMAIRE

Commencement des opérations militaires. — Saarbruck, Spickren, Reischoffen. — Rapport du maréchal de Mac-Mahon à l'Empereur. Ordre du jour à son corps d'armée. — Strasbourg. — Dépêches télégraphiques. — Influence funeste de l'éparpillement de tous ces corps à peine formés sur la frontière. — Formation de deux armées.

Concentration de la 2ᵉ armée autour de Metz. — Retraite du maréchal de Mac-Mahon sur Châlons et du maréchal Bazaine sur Metz. — Ligne de la Moselle et de la Meurthe abandonnée. — Avantages que pouvait présenter la défense de la Moselle. — Inconvénient de la ligne de la Seille dans cette circonstance.

Parti à prendre après Reischoffen. — Les événements marchaient et l'organisation de nos corps laissait encore beaucoup à désirer. — Dépêches télégraphiques. — Causes des avantages de la Prusse.

Commencement des opérations militaires.

La guerre avait été déclarée à la Prusse le 15 juillet 1870, et le jour même les troupes du camp de Châlons, réunies pour manœuvrer sous le commandement du général Frossard, reçurent l'ordre de se porter rapidement à la frontière.

Ces troupes formant le 2ᵉ corps de l'armée du Rhin comprenaient les divisions d'infanterie Vergé, Bataille, Lavaucoupet et la division de cavalerie du général Lichtlin.

Le général Frossard, qui devait aborder le premier l'ennemi, avait fait ses preuves en Crimée, où il commandait avec distinction le génie du 2ᵉ corps de l'armée d'Orient.

Très actif, très consciencieux, d'une bravoure froide, toujours calme au milieu du danger, d'une intelligence hors ligne, possédant des connaissances militaires très étendues, le général Frossard, aide de camp de l'Empereur et gouverneur du prince impérial, jouissait partout d'une grande considération et de la confiance de l'armée.

Il n'y avait pas de temps à perdre. Le 16 juillet au soir le 3e bataillon de chasseurs, qui faisait partie de la division Vergé, s'embarquait à la gare de Mourmelon pour former la pointe d'avant-garde.

Le général Frossard accompagnait cette vaillante petite troupe pour l'établir lui-même sur la frontière, près de Saint-Avold, où arrivèrent le 17, sans interruption, les trains venant de Metz qui apportaient successivement et en entier les divisions Vergé, Bataille et Lavaucoupet.

Le lendemain 18, la division Lichtlin, comprenant les brigades Vallabrègue et Bachelier, 4e et 5e chasseurs, 7e et 12e dragons, débarquait aussi à Saint-Avold. La brigade Vallabrègue recevait aussitôt l'ordre de s'approcher encore de la frontière dans la direction de Forbach.

L'artillerie du général Gagneur, 9e et 12e régiments, et la 2e brigade de la division Bataille se mettaient également en route pour Forbach pendant que la 2e division, général Vergé, s'établissait solidement à Saint-Avold avec la brigade de dragons du général Bachelier.

La 5e division, général de Lavaucoupet, prenait place entre la 1re et la 2e à Merlebay et à Béning.

Le général Frossard établissait son quartier général à Forbach.

L'ARMÉE DE METZ

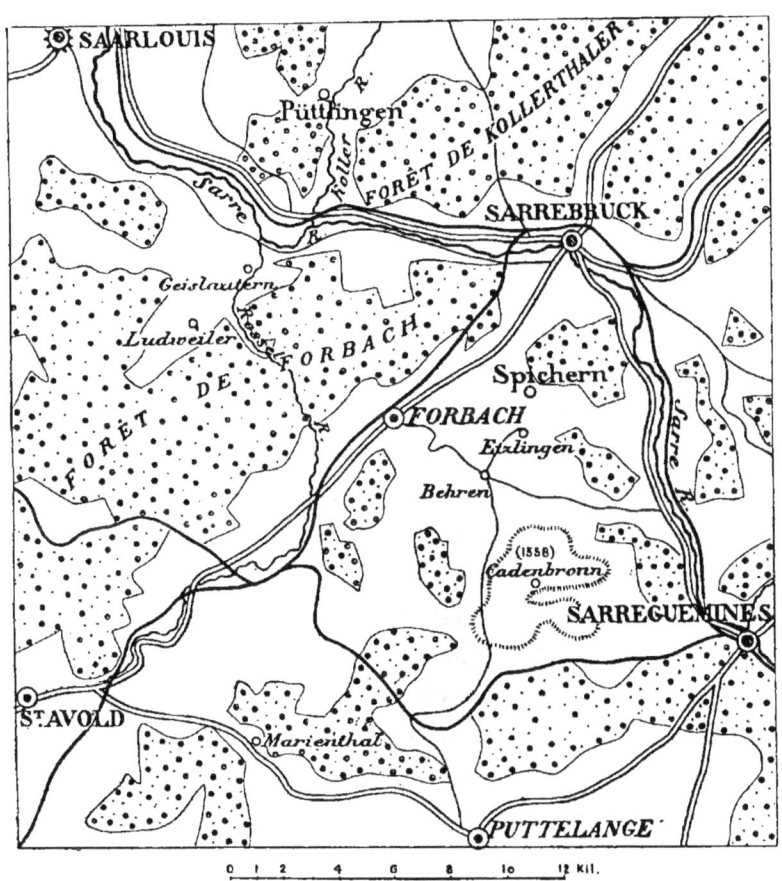

CARTE DU COMMENCEMENT DES OPÉRATIONS

Le 19 juillet une première reconnaissance fut faite par le 4ᵉ chasseurs à cheval commandé par le colonel Ferron, sur la route de Saarlouis, tandis que le même jour, le 5ᵉ chasseurs, colonel de Séréville, reconnaissait la route de Saarbruck.

Dans la soirée du 19, un bataillon du 67ᵉ, par ordre du général Bataille, occupait le plateau et le village de Spickren, pendant que la 2ᵉ brigade de la division de Lavaucoupet (24ᵉ et 40ᵉ de ligne, général Micheler) était transportée tout entière en chemin de fer à Sarreguemines.

Le 20, toute la cavalerie fut dirigée sur Forbach.

Le 2ᵉ corps était ainsi disposé lorsque, le 23 juillet, une reconnaissance de hulans s'avança assez près de nos avant-postes.

Pendant ce temps-là, les VIIᵉ et VIIIᵉ corps prussiens formaient une armée sous les ordres de Steinmetz et venaient se concentrer au nord de la Sarre.

L'Empereur en arrivant à Metz, envoya au général Frossard l'ordre de faire exécuter une reconnaissance offensive sur Saarbruck, pour rejeter les Prussiens au delà de la Sarre et s'emparer des hauteurs qui dominent la partie de cette ville située sur la rive gauche, afin d'obliger l'ennemi à manifester ses intentions.

La situation s'aggravait et un engagement devenait imminent, car les Prussiens s'avançaient et les avant-postes étaient déjà aux prises.

Le 2 août la division Bataille (brigades Pouget et Bastoul) s'établissait en avant de Spickren, pendant que les compagnies du génie creusaient des tranchées sur les crêtes pour la préserver contre un retour offensif.

A une heure, la lutte fut engagée avec acharnement par les troupes de la division Bataille; ce général, un des vaillants d'Afrique, se mit à la tête de sa division; bientôt les troupes, entraînées par leur intrépide chef, entraient dans Saarbruck au cri de « Vive la France! » et en chassaient les Prussiens.

Ce fut notre premier succès, que l'on exalta peut-être un peu trop.

L'Empereur, après la bataille à laquelle il assista avec le prince impérial, rentra à Metz.

Les journées du 3 et du 4 août furent calmes, mais dans la soirée du 4 on apprenait l'échec subi à Wissembourg par la division Abel Douay du 1er corps. Aussitôt l'Empereur donna l'ordre de diriger sur Bitche le 5e corps, commandé par le général de Failly, en laissant à Sarreguemines la brigade Lapasset.

La division Montaudon, du 3e corps, rétrogradait de Forbach sur Saint-Avold, rappelée par le maréchal Bazaine, qui, avec son 3e corps, se tenait prêt à appuyer le 4e corps du général Ladmirault qui était à la gauche de l'armée.

Le général Frossard, très en l'air à Saarbruck, se sentant menacé sur ses flancs retira en arrière la brigade Valazé de la division Vergé, ainsi que la brigade Doëns de la division de Lavaucoupet, afin d'occuper les hauteurs de Spickren pour recevoir l'ennemi qui semblait vouloir déboucher sur les derrières du corps d'armée, et fit en même temps opérer une importante reconnaissance par le colonel de Séréville avec le 5e chasseurs.

La journée du 5 août se passa sans incident. Cependant la position du général Frossard devenait inquiétante : presque isolé sans avoir ses flancs appuyés, il apprenait que les VII⁰ et VIII⁰ corps prussiens venaient de Trèves et de Saarlouis, et que la division de cavalerie du III⁰ corps allemand s'avançait sur Saarbruck.

Ces renseignements décidèrent le général Frossard à se replier sur les plateaux de Forbach à Sarreguemines, et, seule, la division de Lavaucoupet restait sur les hauteurs de Spickren.

Ce fut le signal de la retraite, ordonnée par l'Empereur; il venait de confier au maréchal Bazaine le commandement des 2⁰, 3⁰ et 4⁰ corps, qui devaient se replier sur Metz. Le maréchal de Mac-Mahon exerçait déjà le commandement en chef des 1ᵉʳ, 5⁰ et 7⁰ corps.

Le 6 août au matin, le 2⁰ corps d'armée avait évacué le territoire allemand et nous reprenions les positions que nous avions occupées le 2 août. Le général Frossard établissait son quartier général à Forbach.

La division de Lavaucoupet et des renforts qui lui furent envoyés par la division Bataille se concentraient sur le plateau de Spickren. L'ennemi, épuisé par des marches forcées, nous poursuivait mollement. Mais la retraite de l'armée française donnait aux Allemands tous les points importants que nous venions d'occuper.

La division de Lavaucoupet ne se mit définitivement en retraite que vers 10 h. du soir, quand les divisions Vergé et Bataille eurent regagné de bonnes positions en arrière.

Le général de Lavaucoupet avait eu devant lui, de

9 h. du matin à 9 h. du soir pendant douze heures, des forces allemandes considérables qu'il avait contenues avec 19 bataillons (environ 10 à 11.000 hommes). Les Allemands avaient lancé contre ces hauteurs plus de 20 bataillons (20 à 22 mille hommes), le double de son effectif.

Cette division, à l'exemple de son intrépide chef, avait combattu sans relâche, et manquant de munitions elle fit à la fin de la journée une héroïque charge à la baïonnette. Le général de Lavaucoupet maintenait avec une énergie surhumaine cette importante position, quand le maréchal Bazaine le laissant tourner détermina la retraite, qui fut le signal d'une lutte acharnée dans la vallée en arrière de Spickren.

Cette lutte, des plus honorables pour l'armée française, n'en fut pas moins un échec, et dès lors nous perdions tous nos points importants sur la frontière.

Pendant que tous ces événements se déroulaient si rapidement et que nous étions obligés d'abandonner des positions que nous avait données notre premier succès à Saarbruck, un fait encore plus grave, auquel personne ne s'attendait, vint jeter la consternation dans l'armée.

Malgré l'héroïque valeur du maréchal de Mac-Mahon, malgré l'énergie de ses troupes, l'armée que commandait le maréchal fut écrasée le 6 août à Reischoffen par le Prince royal soutenu à sa droite par le prince Frédéric Charles.

Ci-joint le rapport adressé par le maréchal à l'Empereur, et l'ordre du jour à l'armée après cette sanglante journée :

« Sire,

» J'ai l'honneur de rendre compte à Votre Majesté que, le 6 août, après avoir été obligé d'évacuer la ville de Wissembourg, le 1er corps, dans le but de couvrir le chemin de fer de Strasbourg à Bitche et les voies de communication principales qui relient le revers occidental des Vosges, occupait les positions suivantes :

» La 1re division était placée la droite en avant de Freischwiller, la gauche dans la direction de Reischoffen ; appuyée à un bois qui couvre ce village, elle détachait deux compagnies à Neunwiller et une à Jagersthal.

» La 2e division occupait avec sa 1re brigade un contrefort qui se détache de Freischviller et se termine en pointe vers Guersdorff. La 2e brigade appuyait sa gauche à Freischwiller et sa droite au village d'Elsashausen.

» La 4e division formait une ligne brisée, à la droite de la 3e ; sa 1re brigade faisait face à Hunstedt, et sa 2e vis-à-vis du village de Forsbraun, qu'elle n'avait pu occuper faute de forces suffisantes.

» La division Dumesnil du 7e corps, qui m'avait rejoint le 6 de grand matin, était placée en arrière de la 4e division.

» En réserve se trouvait la 2e division établie derrière la 2e brigade de la 3e division et la 1re brigade de la 4e ; enfin, plus en arrière se trouvaient la brigade de cavalerie légère sous les ordres du général de Septeuil et la division de cuirassiers du général Bonnemains. La brigade de cavalerie Michel, sous les ordres du général Duhesme, était établie en arrière de l'aile droite de la 4ᵉ division.

» A 7 heures du matin l'ennemi se présenta en avant des hauteurs de Guerdorff et engagea l'action par une canonnade bientôt suivie d'un feu de tirailleurs assez vif contre la 1ʳᵉ et la 3ᵉ divisions.

» Cette attaque fut assez prononcée pour obliger la 1ʳᵉ division à faire un changement de front en avant sur son aile droite, afin de tourner la position générale de l'ennemi. Un peu plus tard, l'ennemi augmenta considérablement le nombre de ses batteries et ouvrit le feu sur le centre des positions que nous occupions sur la rive droite de la Sauerbach.

» Bien que plus sérieuse et plus fortement accentuée que la première, qui se continuait d'ailleurs, cette seconde démonstration n'était qu'une fausse attaque qui fut vivement repoussée.

» Vers midi, l'ennemi prononça son attaque sur notre droite : des nuées de tirailleurs appuyés par des masses considérables d'infanterie et protégés par plus de 60 pièces de canon placées sur la hauteur de Funstedt, s'élancèrent sur la 4ᵉ division et sur la 2ᵉ brigade qui occupaient le village d'Elsashausen.

» Malgré de vigoureux retours offensifs plusieurs fois répétés, malgré les feux très bien dirigés de l'artillerie et plusieurs charges brillantes des cuirassiers, notre droite fut débordée après plusieurs heures d'une résistance opiniâtre.

» Il était 4 heures. J'ordonnai la retraite; elle fut protégée par les 1ʳᵉ et 3ᵉ divisions, qui firent bonne contenance et permirent aux autres troupes de se retirer sans être trop vivement inquiétées.

» La retraite s'effectua sur Saverne par Niederbronn, où la division Guyot de Lespart, du 5ᵉ corps, qui venait d'y arriver, prit position et ne se retira qu'après la nuit close.

» Veuillez agréer,

» Sire,

» l'hommage du profond respect de votre très dévoué
» et très fidèle sujet.

» *Le Commandant en chef des 1ᵉʳ, 5ᵉ et 7ᵉ*
» *corps d'armée,*

» Maréchal de MAC-MAHON. »

Ordre du jour adressé par le maréchal de Mac-Mahon à ses troupes après la journée du 6 août :

Soldats !

» Dans la journée du 6 août, la fortune a trompé votre courage ; mais vous n'avez perdu vos positions qu'après une résistance héroïque qui n'a pas duré moins de neuf heures.

» Vous étiez 35.000 combattants contre au moins 150.000 ; vous avez été accablés par le nombre.

» Dans ces conditions, une défaite est glorieuse, et l'histoire dira qu'à la bataille de Reischoffen les Français ont déployé la plus grande valeur.

» Vous avez éprouvé des pertes sensibles, mais celles de l'ennemi sont plus considérables encore ; si vous n'avez pas été suivis, cherchez-en la cause dans le mal que vous lui avez fait.

» L'Empereur est content de vous, et le pays tout entier vous est reconnaissant d'avoir si dignement soutenu l'honneur du drapeau.

» Nous venons d'être soumis à de rudes épreuves qu'il faut oublier. Le premier corps va se reconstituer et, Dieu aidant, nous reprendrons bientôt une éclatante revanche.

» *Le Maréchal commandant le 1er corps d'armée,*

» Signé : MAC-MAHON. »

C'est vers ce moment que le général Frossard éprouvait un échec à Spickren en combattant seul contre deux corps du général Steinmetz et deux divisions du prince Frédéric-Charles. Ces deux échecs nous obligèrent à abandonner la frontière. Strasbourg, après la retraite du maréchal de Mac-Mahon, restait avec une faible garnison ; mais ses habitants étaient bien résolus à se défendre, comme l'indique la dépêche ci-jointe :

» *Préfet à Intérieur, Paris.*

» Strasbourg, 7 août, 10 h. 15 matin.

» La panique qui s'est produite hier à Strasbourg, par suite des mauvaises nouvelles venues de Haguenau a cessé. — La population demande des armes ; j'ai promis d'armer et d'organiser aujourd'hui 4 ou 500 hommes de garde nationale.

» Nous n'avons presque pas de troupes : 1.500 à

2.000 hommes au plus. Si l'ennemi tente un coup de main sur la ville, nous nous défendrons. »

Le 8 août, le ministre de l'intérieur recevait des préfets du Jura et des Pyrénées-Orientales les télégrammes suivants :

« *Préfet à Intérieur, Paris.*

» Lons-le-Saunier, 6 août 1870, 10 h. 35 matin.

» Des corps de volontaires francs-tireurs ou gardes nationaux, veulent se former; partout on réclame des armes.

» L'émotion est ardente; notre frontière est découverte, les Rousses sans garnison. Les bruits d'arrivée des Badois campés à Larnack se propagent . »

« *Préfet à Intérieur, Paris.*

» Perpignan, le 8 août 1870, 2 h. 15 soir.

» Presque toutes les villes et frontières du département sont dépourvues de garnison; cette situation crée des inquiétudes, et les populations murmurent de ce qu'on n'organise pas la garde nationale mobile. Il me paraît utile de rassurer promptement le pays, et je vous serais reconnaissant d'insister dans ce but auprès de votre collègue de la guerre. Il y a réellement urgence à sortir d'une situation fausse. »

Quoique ces deux dernières dépêches aient été trop alarmantes dans la position de ces départements par rapport à l'ennemi, il est vrai que partout, au premier bruit de guerre, on aurait dû organiser les gardes mobiles, armer les gardes nationaux et autoriser en les régularisant toutes les créations de compagnies de francs-tireurs : c'était se donner des auxiliaires utiles et une réserve pour l'avenir.

Le désastre de Reischoffen fut le signal de nos pertes. Mac-Mahon avait lutté avec 35.000 hommes contre 150.000 de l'armée du Prince royal soutenus par un des corps du prince Frédéric-Charles ; épuisé par une lutte acharnée et inégale, il fit néanmoins une courageuse retraite sur Saverne.

Au lieu de tenir compte au début de la campagne des enseignements qu'aurait dû donner la guerre de 1866 en Bohême, et d'opposer aux masses prussiennes de fortes armées, on avait disposé sur la frontière tous ces petits corps qui n'étaient pas reliés entre eux, commandés par des maréchaux ou des généraux de division et agissant isolément.

C'est alors que l'Empereur s'apercevant que toutes ces opérations partielles présentaient de graves inconvénients, forma deux armées : celle de droite, composée des 1er, 5e et 7e corps, sous les ordres du maréchal de Mac-Mahon ;

Celle de gauche, comprenant les 2e, 3e et 4e corps, commandée par le maréchal Bazaine ;

La garde, général Bourbaki, et le 6e corps, maréchal Canrobert, en réserve.

On renonça dès lors à l'offensive, et la retraite de toute l'armée française fut décidée.

Concentration de la 2ᵉ armée autour de Metz.

Le 7 août, l'Empereur réunit dans un conseil de guerre les chefs de corps d'armée.

Ils furent d'avis que l'on devait de suite se retirer sur Châlons, en livrant Metz à ses propres ressources.

Mais l'Empereur, considérant avec raison que l'abandon de cette place forte serait en France d'un déplorable effet, ordonna de concentrer la 2ᵉ armée autour de Metz.

Ces deux projets étaient fâcheux :

Le premier démoralisait les troupes en leur faisant faire une longue marche en arrière après des engagements malheureux.

Le deuxième donnait à nos adversaires, sans combattre, une partie de la ligne de la Moselle, et ouvrait la route de Paris par Nancy et Frouard.

Pendant que le maréchal de Mac-Mahon repassait les Vosges pour se retirer sur Châlons, le maréchal Bazaine, quittant alors d'excellentes positions sur la frontière, se repliait avec sa nouvelle armée afin de couvrir Metz; il était appuyé par la garde.

Le 10 août, le major général adressait au ministre de la guerre le télégramme suivant :

« *Major général au ministre de la guerre, Paris.*

» Metz, 10 août 1870, 2 h. 15 matin.

» L'Empereur ordonne de continuer sans interruption et sans aucune perte de temps le mouvement de toutes les divisions du camp de Châlons sur Metz.

» Que la compagnie de l'Est fasse tous ses efforts pour hâter le mouvement par tous les moyens possibles.

» Je préviens le maréchal Canrobert; entendez-vous avec la compagnie. »

Ce maréchal, qui, s'étant déjà mis en route le 7 avril, avait reçu l'ordre de rentrer au camp de Châlons, repartit aussitôt de ce dernier point pour se diriger sur Metz par les voies ferrées.

Vers le 12 août, pendant que le maréchal Bazaine arrivait sous les murs de cette ville, le maréchal Canrobert laissait derrière lui, coupés à Pont-à-Mousson, 3 régiments de la division Bisson, toute la réserve d'artillerie (8 batteries) et la division de cavalerie du corps d'armée (6 régiments); il lui restait tout au plus 18.000 hommes, très peu d'artillerie et pas de cavalerie.

Cette retraite sur Metz du maréchal Bazaine devait amener pour plus tard le blocus.

Nous attirions à nous l'armée du général Steinmetz qui s'avançait lentement, pendant que le prince Frédéric-Charles et le Prince royal de Prusse, n'ayant plus devant eux que le corps de Failly et les débris de Mac-Mahon, envahissaient l'Alsace et la Lorraine en faisant une conversion à droite dont Steinmetz était le pivot.

La route de Sarreguemines à Paris par Nancy, défendue seulement par la petite forteresse de Marsal, devenait libre; la Moselle et la Meurthe étaient abandonnées.

Il aurait mieux valu, je crois, en quittant la frontière, soutenir la retraite et couvrir Metz avec les 3ᵉ et 4ᵉ corps ; puis, coupant derrière soi les routes et les chemins de fer, diriger de suite sur Frouard le corps Canrobert, faire filer par les voies les plus rapides la garde et le 2ᵉ corps, afin de les établir en arrière de la Moselle ; la droite de cette armée à Toul, ayant pour l'appuyer la forteresse et les excellentes positions essentiellement dominantes de Frouard, Liverdun, Marbach et Dieulouard, ainsi que celle de Mousson défendant, sur la rive droite, le passage de la Moselle.

Ces points importants, en gardant les routes et les chemins de fer qui mènent vers Paris, protégeaient aussi la retraite du maréchal de Mac-Mahon et du général de Failly, au devant desquels le maréchal Canrobert pouvait aller jusqu'à Nancy.

Metz, occupé par le 2ᵉ corps, flanqué au nord et au midi par les 3ᵉ et 4ᵉ, en continuant à achever et à armer promptement ses forts, se serait défendu avec sa garnison, sa garde nationale et ses mobiles auxquels, du reste, il eût été facile de porter secours.

On empêchait ainsi le blocus, car le général Steinmetz, ne pouvant attaquer Metz qu'à l'est, n'aurait pas osé s'aventurer tout d'abord sous le canon des forts, et n'aurait pas pu l'investir.

Dans cette hypothèse, après avoir quitté la frontière l'armée du maréchal Bazaine se serait trouvée ainsi disposée :

Le 4ᵉ corps entre Thionville et Metz;

Le 3ᵉ — entre Metz et Pont-à-Mousson ;

Le 2ᵉ — en réserve à Metz;

Le 6ᵉ corps entre Pont-à-Mousson et Frouard ;
La Garde en réserve à Pont-à-Mousson ;
Le 5ᵉ corps entre Frouard et Toul.

Et au besoin à Toul, le 7ᵉ, général Douay, qui revenait avec Mac-Mahon; le 1ᵉʳ corps, très éprouvé, se serait reformé en arrière de cette ligne.

L'Alsace se défendait provisoirement avec ses places fortes.

Cette ligne était longue, mais parfaitement protégée par la Moselle, le canal et les inondations de la Seille. Occupant sur la rive gauche toutes les hauteurs qui dominent les deux rives de la Moselle, et observant avec des éclaireurs les points importants de la rive droite réunis par des ponts de bateaux, elle était inattaquable; de plus, ayant sur ses flancs et à son centre trois places fortes, Toul, Metz et Thionville, reliées par de bonnes routes, un chemin de fer et des lignes télégraphiques, elle se trouvait dans une position exceptionnelle et défendait facilement tous les passages.

La Seille, indiquée dans tous les cours d'art militaire comme étant une très bonne ligne pour arrêter une invasion, devenait détestable dans cette circonstance. En se retirant sur la Seille, l'armée française, dont la droite pouvait être tournée par l'armée victorieuse du Prince royal ou par celle du prince Frédéric-Charles, se serait trouvée dans une situation des plus mauvaises, acculée sur Metz et prise entre les deux rivières.

La Moselle jusqu'à Toul restait la véritable ligne de défense après les événements qui venaient de se passer. C'était aussi le seul moyen de donner la main au maréchal de Mac-Mahon pour soutenir sa retraite.

Cette armée, ainsi déployée, pouvait sembler incapable d'arrêter une invasion comme celle de l'armée prussienne ; mais sa force était triplée par les obstacles matériels qu'elle devait lui présenter. Dans tous les cas, elle lui opposait une forte barrière ; et, avant qu'elle eût été forcée, on pouvait espérer des renforts pour marcher au secours de Strasbourg, qui résistait héroïquement. Même si disposant de forces considérables, les Prussiens avaient cherché à déborder notre droite pour venir nous prendre à revers, l'armée du maréchal Bazaine, renforcée par les corps Douay et de Failly, qui n'avaient pas soufferts à Reischoffen, se retirait dans le quadrilatère formé par les quatre places fortes de Metz, Thionville, Longwy et Verdun, menaçait ainsi les flancs de l'ennemi s'il avait osé s'aventurer sur Paris.

Ce mouvement devait s'exécuter très rapidement à l'aide des chemins de fer et des bonnes routes dont nous disposions ; de plus, nos flancs et nos ailes se trouvaient couverts d'un côté par la Moselle, de l'autre par la Meuse.

Strasbourg, Neufbrisach, Schlestadt, Belfort, Toul et toutes nos forteresses de l'Est coupaient les routes et ralentissaient la marche de l'ennemi, qui, rencontrant sur son flanc droit cette imposante armée, devait aussi s'attendre à trouver de nouvelles forces au camp de Châlons.

Parti à prendre après Reischoffen.

Après Reischoffen, il n'y avait plus à s'illusionner sur notre infériorité numérique : les 3 armées prussiennes étaient en France appuyées par de fortes réserves; elles fournissaient déjà un effectif d'au moins 500.000 hommes, et nous avions en moins le corps de Mac-Mahon, détruit par notre première défaite.

Il nous restait donc une armée d'environ 160.000 hommes avec les corps de Failly, Douai, Canrobert, Frossard, Decaen, Ladmirault et la garde.

Sans perdre de temps, il aurait fallu rappeler aussitôt tous les anciens soldats jusqu'à 35 ans, et reformer en arrière des Ardennes et de la Meuse ou au camp de Châlons deux nouvelles armées fortes de 150.000 hommes chacune, en prenant au besoin des cadres dans les deux premières.

Aux Vosges, de solides compagnies de francs-tireurs, bien dirigées, seraient devenues très utiles pour harceler l'ennemi; et toutes nos places de guerre auraient dû être fortement occupées, approvisionnées et munies de bonnes casemates-abris pour les habitants.

Les événements marchaient, et cependant l'organisation de nos corps était encore très incomplète, comme le prouvent les dépêches télégraphiques suivantes :

« *Intendant du 7ᵉ corps à Guerre, Paris.*

» Belfort, le 4 août 1870, 7 h. 6 soir.

» Le 7ᵉ corps n'a pas d'infirmiers, pas d'ouvriers,

pas de train; les troupes font mouvement; je pare autant que possible à la situation, mais il est urgent d'envoyer un personnel à Belfort. »

« *Guerre à général Mitrécé, directeur des parcs de l'armée du Rhin, Toul.*

» Paris, le 4 août 1870, 10 h. 5.

» Suspendez jusqu'à nouvel ordre tout travail d'approvisionnement des casemates de Toul, et ne faites aucune dépense à ce sujet. »

« *Général subdivision à général division. — Metz.*

» Verdun, le 7 août 1870, 5 h. 45 soir.

» Il manque à Verdun comme approvisionnements de siège : vin, eau-de-vie, sucre, café, lard, légumes secs, viande fraîche. Prière de pourvoir d'urgence pour 4.000 hommes. »

« *Intendant 6ᵉ corps à Guerre, Paris.*

» Camp de Châlons, 8 août 1870, 10 h. 35 matin.

» Je reçois de l'intendant en chef de l'armée du Rhin la demande de 400.000 rations de biscuit et vivres de campagne.

» Je n'ai pas une ration de biscuit ni de vivres de campagne, à l'exception du sucre et du café. Décidez si je dois envoyer. »

« *Guerre à major général, armée du Rhin.*

» Paris, le 8 août 1870, 6 h. 45 soir.

» Le commandant de la place de Thionville fait connaître qu'il vient de déclarer la ville en état de siège. Il demande des renforts. La garnison qui devait être de 4 à 5.000 hommes n'en a que 1.000, dont 600 mobiles, 90 douaniers et 300 cavaliers ou artilleurs non instruits. »

A Lyon nous avions des troupes disponibles et inutiles dans cette ville.

« *Général commandant la 3ᵉ division à Guerre, Paris.*

» Lyon, le 10 août 1870.

» La population ne s'explique pas la surabondance de troupes en ce moment à Lyon. Le commandant du 7ᵉ corps désire ma présence, et je demande à le rejoindre avec la 3ᵉ division que je commande. »

« *Maréchal Canrobert à Guerre, Paris.*

» Camp de Châlons, le 10 août 1870.

» Votre Excellence n'ignore pas que beaucoup d'isolés, malades ou blessés, sont dirigés sur le camp de Châlons. Je continue à n'avoir ni marmites ni gamelles, et ils sont dépourvus de tout : mon devoir est de vous en informer. Nous n'avons ni sacs de couchage, ni assez de chemises, ni assez de chaussures. »

Toutes les administrations travaillaient activement; mais chez nous l'état de paix ressemblait alors si peu au pied de guerre que l'on s'apercevait chaque jour qu'il restait encore bien des vides à combler.

Dans une conférence que je fus autorisé à faire au ministère de la guerre, je disais en concluant (1) :

« Il serait à désirer que l'armée fût toujours prête à entrer en campagne; avec les voies ferrées, en très peu de temps des forces considérables peuvent être concentrées sur un point déterminé; ce n'est pas là le plus difficile, mais le plus grave inconvénient existe lorsque cette armée, n'étant pas sur le pied de guerre, n'a que quelques jours pour se former ; les chefs, désignés à la hâte, ne connaissent pas leurs troupes, et réciproquement. *Le désordre existe partout, on perd un temps précieux, et il est à remarquer que c'est toujours au moment où l'on s'y attend le moins que la guerre éclate...*

» Les effectifs de paix diffèrent nécessairement des effectifs de guerre; mais, en ayant constamment des bataillons et des escadrons mobilisés d'après un tour régulier, munis de tout leur matériel de campagne, en évitant surtout les formations inutiles qui font que les réserves et les congédiés mettent un temps infini pour rejoindre l'armée active, on passerait sans secousse du pied de paix au pied de guerre.

» Quant aux magasins de l'Etat, ils devraient toujours être approvisionnés d'après des effectifs de

---

(1) Rôle de la cavalerie combinée avec les autres armes, sous l'influence du nouvel armement. (*Revue militaire française*, n° du 1ᵉʳ mars 1870).

guerre, en comblant au fur et à mesure les vides produits par les besoins journaliers.

» Cette *mobilisation permanente* de l'armée présenterait de suite des corps d'armée organisés ; les régiments embrigadés seraient sous les ordres des généraux de division et de brigade, commandant pendant la paix les divisions ou subdivisions territoriales, qui seraient confiées, pendant la guerre, à des généraux pris dans le cadre de réserve.

» Outre les camps d'instruction de Châlons, de Lyon et les divisions actives de Lunéville et de Versailles, on devrait se procurer, partout où cela serait possible, des terrains assez vastes pour réunir chaque année, pendant un mois au moins, des troupes de toutes armes afin de les exercer aux différentes opérations de la guerre.

» Les généraux s'habitueraient à manœuvrer des masses, les intendants à les faire vivre, et il s'établirait entre les chefs et leurs subordonnés de tous grades une confiance réciproque si utile en face de l'ennemi.....
.... »

Ces idées passaient alors pour extravagantes ; elles furent cependant adoptées depuis ; elles auraient dû l'être plus tôt.

La Prusse a eu sur nous des avantages aussi considérables : — parce qu'ayant préparé la guerre pendant la paix, elle s'était soigneusement occupée de tous les moindres détails ; — parce que l'organisation de son armée lui avait permis d'avoir sous les armes deux millions d'hommes sans faire appel à la nation ; — parce que chez elle on discutait froidement et pour conclure; — parce que le respect des lois, qui régnait dans toutes les classes, avait préparé l'armée à une discipline sévère; — parce qu'enfin son esprit national primait tous les intérêts particuliers.

Avec les tendances extra-libérales de notre époque, pervertie par des écrits malsains répandus à profusion depuis quelques années déjà, nous n'avions pour résister à tant de choses positives et à une supériorité numérique écrasante que de la *bravoure*.

Et ce n'est qu'après la destruction complète de l'armée de Sedan, quand celle de Metz eut été bloquée, lorsque Paris fut réellement menacé, qu'en France on commença sérieusement à s'inquiéter.

A la suite de notre première défaite, la trop grande impatience d'un succès — un esprit d'opposition inopportun qui porta chacun à attendre qu'il vît chez lui les avant-postes allemands pour prendre les armes, firent que manquant d'ensemble et de direction, on ne sut pas tirer parti des immenses sacrifices qui furent faits ensuite pour anéantir l'ennemi par une défense énergique et simultanée.

Pendant que le gouvernement du 4-Septembre organisait à Paris une vigoureuse résistance, la province commençait à s'inquiéter.

Après Sedan, la paix eût été humiliante et on doit savoir gré à Gambetta, qui devint l'âme de la défense nationale, d'avoir avec sa fougue méridionale organisé ces armées improvisées qui, à peine formées, mal équipées, dépourvues de tout, tinrent cependant en échec pendant près de 6 mois des armées victorieuses.

La France pouvait perdre ainsi son dernier homme, son dernier écu, crânement, mais sans succès.

Prisonnier de guerre après Metz, du fond de ma captivité je suis demeuré triste spectateur d'une des plus grandes guerres qui aient jamais été entreprises; profondément affligé des maux qui accablaient ma patrie, j'ai eu la douleur de ne pouvoir plus la servir, mais j'éprouvais une véritable consolation en voyant ces braves jeunes gens qui prouvaient, en combattant dans d'aussi mauvaises conditions, combien il y avait encore de vitalité chez nous.

Cette expérience, chèrement achetée, a démontré qu'une bonne et forte armée est indispensable à un grand pays pour défendre son indépendance, — sauvegarder sa nationalité ou maintenir l'ordre à l'intérieur.

Et pour lutter victorieusement contre des troupes disciplinées, aguerries, commandées par de bons officiers, et joignant à l'avantage du nombre des qualités physiques remarquables, il ne suffit pas seulement d'être brave, — mais il faut encore avoir acquis pendant la paix, une sérieuse et nécessaire expérience afin de surmonter les difficultés qui se présentent constamment à la guerre.

C'est seulement ainsi qu'on peut compter sur la victoire.

CHAPITRE IV

SOMMAIRE

Fautes commises après nos premiers revers. — Conséquences fâcheuses de la retraite de toute la 2ᵉ armée sur Metz.
Bataille de Borny.
Bataille de Rezonville.
Batailles de Saint-Privat et Amanvilliers. (Voir la carte pour les opérations militaires du 14 août au 28 octobre.)

Fautes commises après nos premiers revers.

Après la glorieuse, mais malheureuse bataille de Reischoffen et notre échec de Spickren, la France qui s'attendait à des succès, demeura stupéfaite, et quoique quelques départements aient montré cependant un élan patriotique et national, on perdit un temps précieux et les Allemands s'avançaient toujours.

L'Empereur comprenant que s'il rentrait à Paris, on lui demanderait un compte sévère des fautes commises, établit son quartier général à Metz, où sa présence ne fit qu'embarrasser. Depuis le commencement de la campagne il eût été mieux placé à Nancy avec la garde en réserve.

Dans ces conditions il résolut de ramener la 2ᵉ armée au camp de Châlons, où elle devait se réunir à celle du maréchal de Mac-Mahon.

Mais dès que l'Empereur vit que son premier plan, qui était d'envahir par le duché de Bade, avait échoué, il me semble qu'il aurait dû ordonner à ses maréchaux de se retirer en arrière de la Moselle, comme je l'ai indiqué au chapitre précédent, se rappeler que dans plusieurs occasions, par son énergie, il avait souvent conjuré le danger, puis retourner à Paris pour organiser lui-même de nouvelles armées.

Et, se faisant précéder d'une chaleureuse proclamation dans laquelle il aurait avoué hautement la vérité, il pouvait dire, en s'adressant à tous les Français :

« Malgré l'intrépidité de nos troupes et l'héroïque valeur du maréchal de Mac-Mahon, nous avons éprouvé un échec.

» Les Allemands, avec une supériorité numérique écrasante, ont envahi la Lorraine et l'Alsace, mais l'armée dont j'ai confié le commandement au maréchal Canrobert, que vous connaissez tous, les arrêtera dans les bonnes positions qu'elle occupe. Je reviens momentanément au milieu de vous pour réunir promptement, avec le concours de la nation de nouvelles forces, afin de reprendre au plus tôt l'offensive.

» Je n'ai en vue que le sort de la France, et je fais loyalement appel à tous les partis, auxquels notre honneur national est également cher, pour qu'avec nos vaillants soldats nous puissions prendre une éclatante revanche (1). »

---

(1) La dépêche ci-contre fut trouvée en morceaux au palais de Saint-Cloud :

« *L'Impératrice à l'Empereur.*

» Je reçois une dépêche de Piétri : avez-vous réfléchi à toutes les conséquences qu'amènerait votre rentrée à Paris après deux revers?

» Pour moi je n'ose prendre la responsabilité d'un conseil. Si vous vous y décidez, il faudrait au moins que la mesure fût présentée au pays comme provisoire : *l'Empereur revenant à Paris pour réorganiser la 2ᵉ armée et confiant provisoirement le commandement de l'armée du Rhin à Bazaine.* »

C'est à Canrobert que l'Empereur aurait dû confier le commandement.

L'Empereur, en parlant aussi franchement au pays, se serait rallié la partie forte de la nation et aurait pu s'appuyer sur elle pour réparer les échecs; il aurait ainsi augmenté la confiance des troupes qui depuis le commencement de la campagne, fatiguées de marches et de contre-marches, vivaient dans une ignorance complète des événements et surtout de la position de l'ennemi.

En enveloppant d'un voile mystérieux nos premiers désastres, annoncés avec exagération et effroi par les fuyards de l'armée, on laissa la France dans l'incertitude sur les dangers qui la menaçaient.

Aux fautes politiques s'ajoutèrent les fautes militaires; au lieu de considérer la Moselle comme une ligne de défense sérieuse et de compter sur elle pour ramener le succès, la retraite sur Metz de toute l'armée du maréchal Bazaine s'opérait lentement et en bon ordre, mais par des temps affreux qui privaient les troupes de repos. On devait se retirer de là sur le camp de Châlons.

Bataille de Borny.

Ces lenteurs, qui avaient peut-être pour but de donner à Metz le temps d'organiser une défense fort incomplète, permirent à la 2ᵉ armée allemande de nous serrer de près.

Le 14 août, Steinmetz, sachant que le prince Frédéric-Charles s'avançait, poussa vigoureusement nos arrière-gardes et, vers 4 heures, la bataille s'engagea dans la plaine de Borny.

Depuis midi l'armée allemande occupait de bonnes positions à l'est de Metz, une nombreuse cavalerie couvrait ses ailes, et sa gauche était appuyée à l'armée du prince Frédéric-Charles établie sur les deux rives de la Moselle qu'elle avait passée à Pont-à-Mousson, Novéant et sur le pont du chemin de fer au-dessus d'Ars-sur-Moselle. Ces deux armées étaient séparées par les débordements de la Seille.

Les 3e et 4e corps français, soutenus par la garde, reçurent l'attaque; on prit et reprit plusieurs fois les hauteurs de Colombey, Coincy, Noisseville, Servigny, et c'est là que se localisa le combat.

Les forts de Saint-Julien et de Queuleu, à peine armés appuyaient nos ailes.

Cependant, vers la nuit, les Allemands, qui cherchaient à tourner notre aile gauche, furent repoussés par le général de Ladmirault, commandant le 4e corps, et après une lutte acharnée jusqu'à 9 heures du soir, nous conservâmes nos positions.

Le général Decaen, qui avait remplacé le maréchal Bazaine dans le commandement du 3e corps, le général de Castagny, commandant la 2e division, et le général de Clerambault, commandant la cavalerie de ce corps furent blessés à la tête de leurs troupes.

Le colonel Fourrier du 44e fut tué et nos mitrailleuses firent subir des pertes sensibles à l'ennemi.

Le général Decaen mourut quelques jours après des suites de ses blessures. Le commandement de son corps d'armée revint au maréchal Le Bœuf (1).

---

(1) Le ministre de l'intérieur annonçait ainsi à Paris cette bataille:

La nuit mit fin au combat, et l'ennemi nous livrait les positions que nous avions attaquées, quand le maréchal Bazaine, retirant aussitôt une partie de ses troupes, fit passer la garde et le 3ᵉ corps de l'autre côté de Metz, sur la rive gauche de la Moselle, afin de les réunir aux 2ᵉ et 6ᵉ corps, pour les porter au devant du prince Frédéric-Charles, qui menaçait d'attaquer Metz à l'ouest et pouvait nous couper la route de Verdun.

Ce mouvement, commencé immédiatement après la bataille, fut à peine terminé le lendemain dans la matinée.

Le 15, au point du jour, il y eut un engagement insignifiant sur la rive droite entre le corps du général de Ladmirault et l'armée de Steinmetz :

« Steinmetz m'amuse, dit le maréchal. Ce n'est pas là qu'est l'action principale. » Il ne s'occupa plus des Allemands sur la rive droite, laissa Ladmirault pour les observer et dirigea tous ses efforts vers le prince Frédéric-Charles sur la rive gauche de la Moselle, prévoyant bien que ce général chercherait à lui couper la route de Verdun.

Il est regrettable que la bataille du 14 n'ait pas com-

« Paris 15 août, midi.

» Les corps des généraux de Ladmirault, Decaen et la garde ont été engagés dans le combat d'hier. Le maréchal s'était porté de sa personne sur le lieu de la lutte.

» L'ennemi a été repoussé après un combat de quatre heures. L'entrain des troupes a été admirable.

» Pour copie conforme:

» *Le Ministre de l'intérieur,*

» Henri CHEVREAU. »

mencé plus tôt afin de nous donner le temps de rendre la lutte plus décisive.

On a reproché au maréchal de n'avoir pas mieux profité de son succès du 15, et de ne s'être pas assez préoccupé de cette armée sur la rive droite. Il est vrai qu'il avait aussi à s'inquiéter de Frédéric-Charles, maître de la Moselle au sud de Metz et dont l'armée composée de cinq corps menaçait cette ville vers Montigny.

On n'avait pas de nouvelles du Prince royal, qui poussait Mac-Mahon devant lui et pouvait marcher au canon pour secourir le prince Frédéric : le maréchal Bazaine devait donc craindre d'avoir autour de lui 3 armées.

L'empereur était encore à Metz ; il voulait éviter de l'y laisser enfermer.

Cependant, en attaquant vigoureusement le lendemain l'armée de Steinmetz avec les 3 corps qui s'étaient battus la veille à Borny, on devait certainement l'anéantir, et le prince Frédéric-Charles, dont l'armée était à cheval sur la Moselle, se serait trouvé dans une position très embarrassante.

Sachant Steinmetz engagé, il ne pouvait pas s'éloigner ; de plus, ayant devant lui les 2e et 6e corps, il avait aussi à craindre de se voir attaqué et repoussé des bonnes positions qu'il occupait déjà.

Le général Steinmetz battu, le prince Frédéric, perdant son point d'appui à droite, était obligé de repasser la Moselle et de s'y établir sur la rive gauche sans oser entreprendre le mouvement en avant qui décida le 16 la bataille de Rezonville ; il restait toujours néanmoins une menace pour notre flanc gauche puisque nous devions quitter Metz pour gagner Verdun.

Le 16, la bataille était donc imminente; le maréchal ne se serait pas aventuré ainsi sur la route de Verdun sans attaquer vigoureusement Frédéric-Charles; il pouvait alors réunir au 2ᵉ et au 6ᵉ corps les 3ᵉ, 4ᵉ corps et la garde, qui avaient combattu l'avant-veille à Borny; le prince Frédéric, engagé dans les ravins de Gorze, appuyé à la Moselle, pouvait par une attaque hardie de notre part être rejeté sur cette rivière dont les ponts auraient dû être coupés.

Je suis bien aise de donner ici l'appréciation d'un écrivain allemand, M. Carl Bleitstren, sur les batailles du 14 et du 16 août, d'autant plus que cette appréciation n'est pas en faveur de l'armée allemande.

Sous le titre *La Légende de Metz,* l'auteur explique d'abord que presque tous les plans du maréchal de Moltke ne furent connus et communiqués qu'après la bataille et que par conséquent on n'avait pu en tenir compte; ce qui prouve l'indécision et le désarroi qui existaient dans l'armée allemande, confirmés du reste par les *Souvenirs personnels* du général Verdy du Vernois, un des collaborateurs les plus autorisés du maréchal de Moltke.

A propos des grandes luttes autour de Metz, l'auteur allemand M. Carl Bleitstren reproche aussi au chef d'état-major général de l'armée allemande, le 8 août après Spickren, l'extension de sa ligne de bataille : « Quoique ayant eu tout le temps de se préparer, il n'était pas prêt, dit-il, pour soutenir une attaque qui aurait causé un vrai désastre à l'armée allemande si, malgré le nombre de ses soldats et son organisation cependant très surfaite, cette armée n'avait dû très souvent ses succès qu'au hasard et à la chance, qui lui furent toujours favorables. »

Je ne saisis pas trop l'idée de M. Bleitstren dans cette critique. Après la bataille de Spickren le 6 août et le désastre de Reischoffen, nous devions songer à la retraite et nous n'étions pas en état de livrer une nouvelle bataille contre des forces très supérieures aux nôtres. La division de Lavaucoupet, qui n'avait pas été soutenue, se sacrifia pour soutenir la retraite, seul le 4e corps, général Ladmirault, n'avait pas été engagé.

« Les Allemands, ajoute M. Bleitstren, comptaient un million de combattants, tandis que la France n'en avait que la moitié ; au commencement de la guerre elle ne pouvait mettre sur pied que 330.000 hommes, les Allemands en avaient déjà 550.000.

» L'artillerie française était très inférieure à l'artillerie allemande et ce fut Gambetta seulement qui présenta une artillerie égale à celle des Allemands... »

Toujours d'après M. Bleitstren, de Moltke avait une avance d'au moins quinze jours sur notre mobilisation, tandis que rien n'était prêt chez nous ; le service de l'intendance n'était pas organisé et on ne pouvait ni armer ni habiller nos réserves.

Metz et Strasbourg avaient un armement misérable et manquaient complètement de vivres et de munitions ; enfin l'armée française, composée de corps incomplets, était déployée sur une ligne de 250 kilomètres.

Telles étaient les conditions défavorables dans lesquelles nous entreprenions la guerre et que l'écrivain allemand signale très équitablement.

« C'est par les préparatifs de la guerre que le grand état-major a brillé, dit-il. De Moltke n'était pas un artiste, mais un savant. »

Puis il critique amèrement les dispositions prises par lui dans les journées des 14, 16 et 18 août; et il considère la bataille de Borny, qui coûta 1.500 hommes aux Allemands de plus qu'à Forbach, comme une faute grave, car, en repoussant les Français sur Metz qu'ils voulaient traverser, un retour offensif pouvait compromettre très sérieusement l'armée allemande.

L'indifférence que le maréchal Bazaine montra envers Steinmetz fit que ce général repassa, le 16, la Seille et la Moselle pour soutenir la droite du prince Frédéric-Charles, qui vint menacer la route de Verdun.

Après la bataille de Borny, les 2e et 6e corps et la garde de l'armée française étaient échelonnés, le 15 au soir, sur la rive gauche de la Moselle, faisant face à Verdun entre Mars-la-Tour, Rezonville et Gravelotte, couverts par la cavalerie du général de Forton. Le 3e corps devait occuper Verneville et le 4e s'avancer vers Doncourt, sur la route d'Etain, couverts par la cavalerie du général du Barail.

En quittant Metz la route devient accidentée et monte par une pente assez raide sur le plateau de Gravelotte, protégée pendant une partie de son parcours par les feux du fort Saint-Quentin; vers Gravelotte elle se bifurque, l'un de ses embranchements passe à Mars-la-Tour, l'autre à Etain; la route de Mars-la-Tour laisse sur la gauche les bois de Vaux, des Ognons, de Saint-Arnould et de Gorze, traversés par des ravins perpendiculaires au cours de la Moselle, qui rendent l'accès du plateau difficile; cependant ces bois sont un rideau excellent pour favoriser une surprise et dissimuler des troupes.

Le 15 il y eut, au delà de Vionville, entre l'avant-garde des deux armées, un engagement de cavalerie et d'artillerie qui dura quelques heures, mais sans résultat de part et d'autre.

L'Empereur, accompagné du prince impérial, quitta Metz le 14 et vint établir son quartier général à Longeville; il adressa aux habitants la proclamation suivante:

« En vous quittant pour combattre l'ennemi, je confie à votre patriotisme la défense de cette grande cité.

» Vous ne permettrez pas que l'étranger s'empare de ce boulevard de la France et vous rivaliserez de dévouement et de courage avec l'armée.

» Je conserverai le souvenir reconnaissant de l'accueil que j'ai trouvé dans vos murs, et j'espère que, dans des temps plus heureux, je pourrai revenir vous remercier de votre noble conduite. »

» Au quartier général, Metz, 14 août 1870.

» NAPOLÉON. »

Bataille de Rezonville.

Le 15 au soir le quartier impérial était à Gravelotte, et le 16 au matin l'Empereur avec tout son état-major prenait la route de Verdun par Etain.

Le même jour, à 9 heures du matin, les Prussiens attaquèrent la division de cavalerie du général de Forton ; ce fut le signal d'une nouvelle bataille dans laquelle les 2e, 6e corps et la garde furent les premiers engagés ; le 3e corps, sous les ordres du maréchal Le Bœuf, n'arriva en ligne que plus tard et soutint'successivement les ailes ; enfin le 4e corps, qui était resté sur la rive droite avec le général Ladmirault pour observer Steinmetz, ne rejoignit qu'au milieu de la journée, mais il prit néanmoins avec le 3e une part active à la lutte et vint renforcer l'aile droite.

L'armée française luttait contre des forces très supérieures — elle avait devant elle d'abord toute l'armée du prince Frédéric-Charles, puis celle de Steinmetz, qui, après avoir passé la Moselle, appuyait la droite du prince.

L'armée prussienne était forte d'environ 220.000 combattants et nous avions à lui opposer en rase campagne tout au plus 110.000 hommes, en comprenant même les soldats de la réserve qui rejoignirent à Metz.

La bataille du 16 peut être considérée comme un des plus sérieux engagements de la campagne.

L'action débutant très vivement, tout faisait supposer que le champ de bataille aurait'une grande extension.

L'armée prussienne, quand elle veut engager une affaire vigoureuse, pousse d'abord ses éclaireurs aussi près que possible pour essayer de surprendre ou d'enlever les avant-postes ; puis, profitant des moindres sinuosités du terrain, elle fait avancer toute son artillerie qui commence le feu dès qu'elle croit être à portée suffisante.

Pendant ce temps les batteries de gros calibre s'établissent et choisissent les points qui leur paraissent les plus favorables.

A Rezonville l'attaque eut d'abord lieu sur le centre. La division Forton s'étant ralliée en arrière du 2e corps, le maréchal lui donna l'ordre de soutenir l'aile droite jusqu'au moment de l'arrivée en ligne du 3e corps, qui devait parcourir un trajet plus considérable.

Au centre, vers midi, à hauteur du village de Rezonville, le 2e corps, qui soutenait l'attaque depuis le commencement, était engagé sous un feu énorme et faisait des pertes considérables. Le général Bataille venait d'avoir deux chevaux tués sous lui ; blessé lui-même grièvement et obligé de se retirer, sa division faiblit ; ce fut alors que le maréchal Bazaine lança à la charge les cuirassiers de la garde contre l'infanterie prussienne, qui, s'avançant en bon ordre, allait s'emparer du village de Rezonville.

Cette infanterie menacée forma aussitôt trois carrés disposés en échiquier ; les cuirassiers s'établirent sur 3 lignes et chargèrent successivement sans le concours de l'artillerie ; ils eurent 18 officiers hors de combat, dont 10 tués, et plus de 250 cavaliers tués ou blessés.

Cette charge des plus énergiques eut un résultat important : notre artillerie reprit de bonnes positions, foudroya à son tour l'ennemi, et l'infanterie du général Frossard put s'avancer alors en avant du village de Rezonville.

C'est à ce moment de la journée que le maréchal, qui s'était porté en avant pour se rendre compte par lui-même de la tournure que prenait la bataille, faillit être enlevé par des hussards allemands et ne fut dégagé que par l'énergie des officiers de son état-major et de son escorte, commandée par le capitaine Chaverondier, qui fut blessé très grièvement.

A l'aile droite, avant l'arrivée en ligne du 3º corps, l'artillerie ennemie avait fait beaucoup de mal à des batteries du 8º régiment, et les cuirassiers de Brandebourg les chargeaient pour les enlever, quand des escadrons des 1er et 9e dragons de la division Forton, lancés promptement à la charge, vinrent arrêter et sabrer leur têtes de colonne.

Des uhlans cherchèrent aussitôt à dégager les cuirassiers; au même instant le 7º cuirassiers français de la même division et un escadron du 10º prirent à leur tour part à la lutte. Les uhlans purent se dégager, mais les cuirassiers de Brandebourg firent des pertes considérables; nos cavaliers combattirent corps à corps et à l'arme blanche.

Vers 3 heures le 4º corps, général de Ladmirault, arrivait en ligne et l'action s'étendit jusqu'à hauteur de Mars-la-Tour.

L'aile droite se trouvant alors menacée par la cavalerie ennemie qui cherchait à la déborder, le général de Ladmirault donna ordre au général Le Grand de charger avec sa division de cavalerie.

Ce général qui commandait les 2º et 7º hussards, les 3º et 11º dragons, s'élança aussitôt à la tête de ses cavaliers à la rencontre des escadrons ennemis. Une fin glorieuse devait couronner son audacieuse valeur : il tomba mort et à ses côtés le général de Montaigu fut blessé grièvement. Autour d'eux beaucoup d'officiers et de cavaliers tués ou blessés.

Ces deux régiments de cavalerie si bien entraînés par leurs chefs fondirent sur les dragons ennemis, trouèrent leurs masses épaisses et reparurent enfin après les avoir mis en déroute.

Les lanciers de la garde et les dragons de l'Impératrice qui venaient de reconduire l'Empereur, prirent part à leur tour à cette infernale mêlée.

Le colonel de Latheulade des lanciers de la garde fut blessé en tête de son régiment, et laissa sur le champ de bataille 14 officiers tués ou blessés. Le colonel du Part, des dragons de l'Impératrice, chargea avec son régiment ; il fut blessé et eut son cheval tué ; à ses côtés tomba frappé mortellement le lieutenant-colonel de la Chapelle.

Dans cette bataille, une des plus mémorables du siècle, — même au dire des rapports allemands — toutes les armes rivalisèrent d'énergie et de bravoure. La cavalerie se montra digne des intrépides cavaliers de Mac-Mahon à Reischoffen.

On remplirait des pages à rappeler les efforts héroïques de l'armée dans cette lutte grandiose. Mais il faudrait avoir entre les mains les journaux de marche de tous les régiments d'infanterie, de cavalerie et des batteries d'artillerie qui ont pris une part si active à ces combats de géants.

M. Dick de Lonlay, dans un intéressant ouvrage intitulé « Français et Allemands », *Histoire anecdotique de la guerre de* 1870-71, s'est imposé cette tâche laborieuse, et les intéressés y trouveront, très fièrement reproduit, le récit de leurs hauts faits.

Ayant voulu faire ressortir les conséquences de cette guerre si légèrement engagée de notre part, il m'a fallu n'embrasser que les principaux événements mais le rapport du maréchal, reproduit au chapitre V, donne tous les détails sur l'ensemble de la bataille.

La journée du 16, appelée par les Français bataille de Rezonville, et par les Allemands bataille de Mars-la-Tour, s'était livrée à Mars-la-Tour, Vionville, Granville et Rezonville. L'armée prussienne, cherchant à déboucher par les bois et les ravins de Gorze, avait d'abord essayé de tourner notre aile gauche pour nous isoler de Metz; ensuite elle tenta de percer notre centre et enfin de déborder notre aile droite.

Le soir, vers 7 heures, quand tout semblait fini, l'ennemi fit un retour offensif extrêmement vigoureux qui parut un instant devoir changer le sort de la journée. C'est à ce moment que la division Valabrègue (4º et 5º chasseurs, 7º et 12º dragons) trouva l'occasion de fournir une belle charge et reprit une aigle qui nous avait été enlevée.

Enfin, après ce dernier engagement qui dura jusqu'à la nuit, l'avantage resta encore de notre côté et nous gardions nos positions.

Voici sur cette rude journée l'appréciation de l'auteur allemand déjà cité M. Carl Bleisttren :

« Le 16 août, le 3º corps allemand, dit-il, combattait dans des conditions très dangereuses pour lui, si Bazaine avait attaqué assez tôt et écrasé les têtes de colonne engagées dans les ravins de Forge.

» Bazaine, ajoute-t-il, pouvait remporter sur les Allemands une grande victoire en nous acculant à la Moselle, que nous avions passée difficilement. Il avait des forces très supérieures aux nôtres et pouvait compter sur les corps Canrobert et Ladmirault, qui auraient pu être mis en ligne dans l'après-midi..... »

Cette appréciation de l'écrivain allemand n'est pas très exacte, il exagère notamment le chiffre des troupes françaises : le corps Canrobert était très incomplet ; le général Ladmirault, retenu au nord de Metz pour observer Steinmetz, qui pouvait passer la Moselle en amont et venir menacer notre flanc droit, n'arriva en ligne que vers 3 heures, et Steinmetz avait rejoint Frédéric-Charles. Nous avions donc contre nous deux armées en plus de celle du roi qui arrivait par Pont-à-Mousson.

La bataille de Rezonville fut pour nous sans résultats importants. On a prétendu que dans la nuit du 16 ou du lendemain, Bazaine pouvait se replier sur Verdun ou au moins faire filer sa cavalerie par les deux routes de Mars-la-Tour et d'Etain. Je ne le crois pas.

Je sais que le projet était d'abandonner Metz à ses propres ressources, de se retirer en arrière de la Meuse et de là sur le camp de Châlons ; je n'ai jamais compris cette retraite sur Châlons ; en quittant la Moselle, ligne de défense excellente, on livrait Metz dont les forts étaient à peine commencés, et cette place tombait fatalement quelques jours après au pouvoir des Allemands. J'ai indiqué au chapitre III, dans le paragraphe intitulé *Concentration de la 2ᵉ armée autour de Metz*, comment je pense qu'on aurait dû opérer en tenant plus compte qu'on ne l'a fait de la ligne de la Moselle.

Après la bataille de Rezonville, le manque de munitions obligea le maréchal à se replier sur Metz, et dans la nuit nous abandonnions les positions que nous avions occupées pendant la journée.

En face de l'armée allemande qui aurait certainement cherché à l'isoler, le maréchal pouvait être coupé de Metz et de Verdun; hommes et chevaux, après des étapes pénibles et deux journées de bataille sans repos et presque sans vivres étaient surmenés, il devenait dangereux d'entreprendre dans ces conditions une marche rapide.

Il aurait fallu, comme l'indiquait l'auteur allemand, repousser l'ennemi sur la Moselle dès le commencement de la journée, sans lui permettre de déboucher par les bois de Gorze. La bataille devait avoir lieu là; c'était à Bazaine à la livrer sans attendre que son adversaire la lui livrât en choisissant son terrain.

Vers 10 heures du matin, le 3ᵉ corps arrivait en ligne; le maréchal aurait eu sur le plateau de Gravelotte le 2ᵉ et le 3ᵉ corps, la garde et une fraction du corps Canrobert; le 4ᵉ corps Ladmirault surveillait Steinmetz. Il n'avait donc rien à craindre au nord de Metz.

La bataille ainsi engagée, la retraite sur Verdun eût été facile; mais, je le répète, je ne vois pas ce qui serait advenu, car Metz restait livrée à elle-même avec une faible garnison, sa garde nationale, ses mobiles et des ouvrages de défense à peine commencés.

Le 17, le maréchal en livrant à l'ennemi les positions conquises la veille eut aussitôt ses communications coupées avec Verdun par Mars-la-Tour ; il lui restait encore la route d'Etain.

L'extrait d'une dépêche adressée par le maréchal à l'Empereur et au ministre, le lendemain de la bataille de Rezonville, indique dans quelles conditions se trouvait l'armée.

....

« On dit aujourd'hui que le roi de Prusse serait à Pouge ou au château d'Aubigny, qu'il est suivi d'une armée de 100.000 hommes et qu'en outre des troupes nombreuses ont été vues sur la route de Verdun.

» Ce qui pourrait donner une certaine vraisemblance à cette nouvelle de l'arrivée du roi de Prusse, c'est qu'au moment où j'ai l'honneur d'écrire à Votre Majesté, les Prussiens dirigent une attaque sérieuse sur le fort de Queuleu. Ils auraient établi des batteries à Magny, à Mercy-le-Haut et au bois de Pouilly ; dans ce moment le tir est même assez vif.

» Quant à nous, les corps sont peu riches en vivres ; je vais tâcher d'en faire venir par la route des Ardennes, qui est encore libre.

» M. le général Soleille que j'ai envoyé dans la place, me rend compte qu'elle est peu approvisionnée en munitions et qu'elle ne peut donner que 800.000 cartouches, ce qui pour nos soldats est l'affaire d'une journée.

» Il n'y a également qu'un petit nombre de coups

pour pièces de 4, et enfin il ajoute que l'établissement pyrotechnique n'a pas les moyens nécessaires pour confectionner des cartouches.

» M. le général Soleille a dû demander à Paris ce qui est indispensable pour remonter l'outillage, mais cela arrivera-t-il à temps?

» Les régiments du corps du général Frossard n'ont plus d'ustensiles de campement et ne peuvent faire cuire leurs aliments.

» Nous allons faire tous nos efforts pour reconstituer nos approvisionnements de toutes sortes afin de reprendre notre marche dans deux jours, si cela est possible. Je prendrai la route de Briey. Nous ne perdrons pas de temps, à moins que de nouveaux combats ne déjouent nos combinaisons. »

Depuis on trouva dans les magasins du chemin de fer 400.000 cartouches, et le général Soleille fit fabriquer à l'arsenal de Metz des fusées percutantes, de la poudre et des cartouches avec un papier spécial; un marché fut aussi passé pour fondre des projectiles.

Telle était notre situation lorsque, le 17, le prince Frédéric-Charles s'avança vers nous; sentant sa droite appuyée par Steinmetz et se voyant soutenu par l'armée du roi qui s'approchait, il chercha à déborder notre aile droite pour nous obliger à nous rabattre sur Metz ou peut-être même à nous envelopper en nous en séparant.

Pendant la journée du 17 il n'y eut pas d'engagement sérieux : nous occupions de bonnes positions entre Gravelotte et Saint-Privat-la-Montagne.

Bataille de Saint-Privat et Amanvilliers.

Le 18, le roi étant arrivé avec des renforts, Frédéric-Charles comprit que ses forces lui permettaient de se porter en avant; comptant aussi sur une artillerie formidable, il continua la conversion qui avait été commencée la veille et vint attaquer notre aile droite à Saint-Privat.

L'armée française était alors en bataille à l'ouest de Metz, faisant face à Etain et laissant Verdun sur sa gauche.

Vers une heure, elle avait sa gauche à Roserieulles, protégée par les feux du fort Saint-Quentin, et s'étendait sur les crêtes en passant par Moscou, Leipsich, Amanvillers; sa droite était à Saint-Privat, mais après avoir abandonné Verneville et le bois des Génivaux! la route d'Etain était coupée, il restait encore celles de Briey et de Thionville.

L'ennemi, après avoir enlevé Sainte-Marie-aux-Chênes en face de Saint-Privat, attaqua vigoureusement notre droite ; malgré la résistance opiniâtre que lui opposa le corps du maréchal Canrobert, qui lutta avec une énergie sans pareille contre les meilleures troupes allemandes, la garde royale fut anéantie par l'effort héroïque et désespéré de l'intrépide maréchal, mais ce corps, ne se sentant plus soutenu et manquant de munitions, fut contraint de se retirer en arrière du village.

Le maréchal Bazaine aurait dû certainement voir par lui-même ce qui se passait à sa droite; il était resté au fort de Plappeville, et on lui a reproché avec raison de n'avoir pas mieux appuyé sa droite par la garde et la réserve d'artillerie. Il est vrai qu'il pouvait s'attendre à un mouvement tournant de Steinmetz se détachant du prince Frédéric-Charles, et venant passer la Moselle au-dessus de Metz pour déboucher sur notre flanc droit; la garde pouvait aussi être utile pour empêcher Steinmetz de nous couper de Metz, mais elle aurait dû être mieux placée qu'elle ne l'a été, car cette menace de Steinmetz devait décider le maréchal à soutenir encore plus solidement sa droite.

La cavalerie de la garde impériale et la division Forton établies dans un entonnoir au-dessous de Châtel-Saint-Germain, occupaient une fort mauvaise position dont il était très difficile de les sortir; elles ne furent d'aucune utilité et eussent été mieux entre les villages de Wappy, Lorry et Saulny, l'infanterie de la garde dans les bois de Saulny et de Jaumont, laissant la route libre pour permettre à cette cavalerie d'opérer librement.

Cette faute obligea l'armée à se retirer sous les murs de la place. Nous étions du reste si inférieurs à l'armée prussienne, qui se renforçait chaque jour, que, malgré une défense désespérée, nous aurions eu le même sort quelques jours après.

Les journées du 14, du 16 et du 18 furent des plus meurtrières. Nous avions en face de nous les meilleures troupes de l'Allemagne commandées par ses plus habiles généraux sous les ordres du Roi.

Le 18 l'armée prussienne qui avait reçu tous ses renforts était forte de plus de 340.000 hommes, et celle du maréchal Bazaine se trouvait diminuée par les pertes des journées du 14 et du 16. A Saint-Privat nous luttions un contre trois.

CHAPITRE V

SOMMAIRE

Rapport du maréchal Bazaine sur la bataille de Rezonville.
Dépêches à l'Empereur.
Ordre du jour à l'armée.
Conséquences à tirer des journées des 14, 16 et 18 août.

Rapport du maréchal Bazaine sur la bataille de Rezonville.

Pour compléter le récit de la bataille de Rézonville, je reproduis le rapport du maréchal :

« Après le brillant combat de Borny, les troupes qui y avaient pris part avaient reçu l'ordre de continuer le lendemain matin 15 août leur mouvement de retraite sur Verdun par les deux directions qui leur avaient été indiquées : les 2e et 6e corps suivant la route du sud par Rezonville, Mars-la-Tour et Marcheville ; le 3e et le 4e se dirigeant au nord sur Conflans et Etain ; la grande réserve et les parcs marchant derrière le 6e corps.

» La 1re colonne était couverte par la première division de cavalerie du général de Forton, la 2e par la division de chasseurs d'Afrique du général du Barail.

» Les points à occuper dans la journée du 15 étaient Vionville par le 2e corps, Rezonville par le 6e, Doncourt-les-Conflans par le 4e, Saint-Marcel et Verneville par le 3e et la garde en arrière à Gravelotte.

» La division de Forton à Vionville avait l'ordre d'éclairer la route de Verdun, celle du général du Barail à Jarny éclairait la route d'Etain.

» Les lenteurs qui se produisirent dans l'écoulement des convois et les retards qui résultèrent pour les 4e et 3e corps, de leur participation au combat de Borny, ne permirent pas à ces deux corps de commencer leur mouvement assez tôt pour l'achever dans la limite du temps qui avait été arrêtée.

» Le 3e corps, qui devait marcher en arrière du 4e, avait pris la tête et n'avait que 3 divisions encore sur le plateau de Gravelotte à 10 h. du soir.

» Quant au 4e corps, il ne put se mettre en marche que le 16 au matin.

» La colonne de gauche, 2e et 6e corps et la garde, avait presque atteint les positions le 15, mais je dus lui prescrire de s'y maintenir le 16 jusqu'à midi afin que le 4e corps pût arriver à sa hauteur; les renseignements que j'avais reçus m'annonçaient une forte concentration sur ma gauche et la prudence exigeait que mes deux colonnes fussent en état de se soutenir l'une l'autre, de quelque côté que l'ennemi se présentât.

» Le 16 au matin, le 2e corps se trouvait en avant de Rezonville, à gauche de la route de Verdun; le 6e à sa hauteur, sur la droite de la même route; le 3e, avec 3 divisions et la cavalerie, entre Verneville et Saint-Marcel; la 4e division étant encore en route pour rejoindre le 4e corps en marche sur Doncourt-les-Conflans; la garde à Gravelotte.

» Telle était la position de l'armée quand à 9 h. 1/2, les grand'gardes de la division de Forton signalèrent l'approche de l'ennemi ; à peine cet avis est-il donné que deux régiments de cavalerie prussienne débouchent de Vionville avec 3 batteries qui couvrent d'abord d'obus les campements de la division Forton et Valabrègue, cavalerie du 2e corps.

» Notre cavalerie surprise par cette attaque imprévue se forme au plus vite et se poste en arrière des bivouacs du 2e corps, à la hauteur de Rezonville.

» Au bruit du canon le général Frossard fait prendre les armes à son corps d'armée et occupe les positions de combat qui avaient été reconnues à l'avance : la division Bataille à droite sur les hauteurs de Flavigny ; la division Vergé à gauche sur le même mouvement de terrain ; la brigade Lapasset, détachée du 3e corps, en retour à gauche pour observer les grands bois de Saint-Arnould et couvrir la tête du défilé de Forge.

» Le maréchal Canrobert prend également ses dispositions et déploie son corps d'armée en avant de Rezonville entre la route de Verdun et le village de Saint-Marcel : la division Tixier à droite, avec le 9e de ligne, le seul régiment de la division qui soit arrivé ; la division Lafont de Villiers à gauche et s'appuyant à la route.

» En arrière et parallèlement à la route au delà de laquelle elle s'est avancée, s'établit la division Levassor-Sorval avec mission de soutenir la brigade Lapasset et de surveiller les nombreux ravins qui aboutissent par les bois d'Ars et de Novéant.

» L'apparition de la cavalerie ennemie et sa canonnade contre la division Forton n'était que le prélude de l'action qui allait se dérouler. Deux attaques se dessinèrent bientôt : l'une venant de gauche par les bois de Vionville, de Saint-Arnould et des Ognons, l'autre sur notre front par Mars-la-Tour et le village de Vionville.

» A la première nouvelle de l'engagement, je quittai mon quartier général de Gravelotte pour me porter avec mon état-major sur le théâtre du combat, donnant l'ordre à la garde de se placer en réserve à droite et à gauche de la route sur les crêtes des ravins de la Jurée, et prévenant le maréchal Le Bœuf qu'il eût à pivoter sur la gauche pour appuyer le 6e corps et prendre l'ennemi en flanc. Je comptai aussi sur la vieille expérience du général de Ladmirault pour accourir au bruit du canon et soutenir le mouvement tournant du 3e corps en avant duquel il devait alors se trouver.

» A peine arrivé sur le terrain, je trouvai le 2e corps fortement engagé sur son front sous un feu d'artillerie des plus intense, mais se maintenant dans les positions un peu en arrière des crêtes. Le maréchal Canrobert avait de son côté arrêté le mouvement offensif de l'ennemi, qui se bornait déjà à n'entretenir devant lui qu'une vive canonnade. C'était donc évidemment sur notre gauche que l'ennemi se réservait de faire le plus grand effort, à l'abri des bois qui le dissimulaient, dans le but de nous couper la retraite sur Metz.

» Tout en me préoccupant de l'attaque que je voyais se dessiner sur notre flanc, je voulus que notre droite fût solidement appuyée avant l'entrée en ligne des troupes du maréchal Le Bœuf, et je prescrivis à la division Forton d'aller se placer en arrière du 6e corps sur l'ancienne voie romaine, le dos appuyé aux bois de Villers, avec ordre de charger au moment opportun.

» Ces premières dispositions prises, j'appelai les batteries de 12 de la réserve générale pour combattre les batteries ennemies qui inquiétaient le 2ᵉ corps. L'action se soutint ainsi jusqu'à midi et demi, mais à ce moment le général Bataille fut blessé et obligé de quitter son commandement : sa division commença à plier devant les masses ennemies qui s'avançaient.

» Ce mouvement en arrière entraîna une partie de la division Vergé, dont la gauche seule resta en position avec la brigade Lapasset. Je dus alors faire charger l'infanterie prussienne par le 3ᵉ lanciers et les cuirassiers de la garde.

» La charge des lanciers ayant été repoussée, les cuirassiers se formèrent aussitôt sur 3 lignes comme à la manœuvre et s'élancèrent avec une bravoure héroïque sur les carrés ennemis, qu'ils ébranlèrent et dont ils arrêtèrent la marche (1).

---

(1) Pour rappeler le souvenir de vaillants camarades avec lesquels j'ai eu l'honneur de combattre et qui se sont fait tuer si glorieusement sur les baïonnettes prussiennes, je reproduis un extrait du journal de marche des cuirassiers de la garde relatif à cette chaude affaire :

«Nos cavaliers, à cheval depuis le matin, s'avançaient avec le calme de gens résolus.

» Ils étaient près de la première ligne, et déjà des obus avaient éclaté dans leurs rangs sans altérer leur sang-froid, quand le maréchal ordonne de charger à tout prix pour arrêter l'ennemi qui s'avançait et gagnait du terrain.

» Il n'y a pas un instant à perdre : «En avant les cuirassiers!» s'écrie le général du Preuil.

» Ils sont sur trois lignes : 4ᵉ et 6ᵉ escadrons en 1ʳᵉ ligne ; 2ᵉ et 3ᵉ en 2ᵉ ligne ; 1ᵉʳ en 3ᵉ ligne, à environ 1.000 à 1.100 mètres de l'ennemi. C'est à peine si on le distingue, il semble une haie à l'horizon.

» Les deux escadrons de la 1ʳᵉ ligne : le 4ᵉ, capitaine commandant

» Un ou deux escadrons de hussards prussiens les poursuivirent dans leur retraite et s'avancèrent jusque sur nos batteries de la garde, au milieu desquelles je

---

Thomas, le 6ᵉ, capitaine commandant Roussange, ayant avec eux le lieutenant-colonel Letourneur et le commandant Sahuquet, entraînés par leurs chefs, partent au galop et poussent la charge dès qu'ils sont à 400 mètres de l'ennemi ; lancés avec une vigueur inouïe, ils abordent l'infanterie, qui a formé aussitôt, et avec la régularité du terrain de manœuvre, trois carrés disposés en échiquier, appuyés à chaque aile par de l'artillerie et soutenus en arrière par des escadrons de hussards.

» Les cuirassiers s'approchent et sont à bout portant ; les Prussiens, qui n'ont pas encore tiré un coup de fusil, se serrent sur trois rangs et font feu ; ce fut alors une de ces mêlées fantastiques qui n'existent le plus souvent que dans l'imagination des écrivains.

» Le 1ᵉʳ rang du 4ᵉ escadron est composé d'officiers ; ils sont tous tués ou blessés. Le 2ᵉ rang éprouve à peu près le même sort.

» Le lieutenant-colonel Letourneur et le commandant Sahuquet, qui chargent avec la première ligne, tombent blessés mortellement.

» Sur sept officiers du 4ᵉ escadron, cinq, les lieutenants Bonherbe et Barreau, les sous-lieutenants Leclerc, Cornejoulx et Faralicq, ont leurs chevaux tués et tombent, morts ou blessés grièvement, au pouvoir de l'ennemi ; le capitaine commandant Thomas, blessé assez fortement, seul des officiers du 1ᵉʳ rang resté à cheval, traverse la 1ʳᵉ ligne suivi par le capitaine en 2ᵉ Masson et le maréchal des logis chef Langlande, et entraîne les quelques cavaliers de l'escadron qui n'ont pas été atteints par les projectiles ennemis ; ils tournent le carré de la 2ᵉ ligne, puis reviennent en ripostant aux coups de sabre des hussards qui les chargent en fourrageurs. Un régiment d'infanterie, le 77ᵉ, témoin de ce carnage, crible de balles les hussards allemands et les met en déroute.

» Au 4ᵉ escadron, parmi les officiers il n'y a que le capitaine en 2ᵉ Masson qui soit épargné, mais une balle a enlevé l'épaulière de sa cuirasse, son cheval est blessé ; le maréchal des logis chef Langlande est blessé.

» Tous les sous-officiers sont tués ou horriblement mutilés ; de 13 brigadiers 9 restent sur le champ de bataille, blessés grièvement ou tués ; des 4 qui reviennent deux sont blessés ; de cent cavaliers il en reste à peine 20 valides.

» Le 6ᵉ escadron est aussi très éprouvé : le capitaine commandant Roussange a son cheval blessé ; le capitaine en 2ᵉ Gudin tombe sous son cheval tué ; le sous-lieutenant Bauvin est blessé, quelques cavaliers sont tués ou blessés ; beaucoup de chevaux s'affaissent percés par les projectiles.

» La 2ᵉ ligne appuie la première et arrive franchement à la charge ;

me trouvais; je dus mettre l'épée à la main avec tout mon état-major et un combat à l'arme blanche s'engagea avec tous mes officiers.

» L'hésitation qui se manifesta à ce moment dans les lignes prussiennes me permit de faire avancer la division Picard des grenadiers de la garde, qui se porta en avant sous les ordres mêmes du général Bourbaki, re-

---

le général du Preuil se met en avant d'elle et charge la canne à la main; à ses côtés le colonel Dupressoir a son cheval blessé, il remonte aussitôt sous le feu un cheval que lui offre un cuirassier; le commandant de Vergès a son cheval tué, son épaulette et ses vêtements sont percés de balles, une seule l'atteint légèrement à la tête, il saute sur le cheval d'un brigadier mort et rejoint ses escadrons.

» Les capitaines commandants Laborde et Barrois des 2e et 3e escadrons sont blessés, ainsi que les sous-lieutenants de Crouy et de Fromessant; le lieutenant Boudeville et le sous-lieutenant Michaux sont tués, les lieutenants Davesnes et Mégard ont leurs chevaux tués.

» La 2e ligne rencontre comme nouvel obstacle les corps des hommes et des chevaux morts ou blessés, qui forment comme un rempart derrière lequel s'abritent les fantassins allemands.

» Sa charge est ralentie mais pas arrêtée, quoiqu'elle ait déjà reçu le feu des batteries ennemies; ses pertes en hommes et en chevaux sont énormes, cependant moins fortes que celles de la première ligne.

» Le 1er escadron, commandé par le capitaine Baréneau, arrive à son tour en 3e ligne à la charge; les deux premières lignes ont reçu presque tous les projectiles, il en reste encore pour lui, et il a à lutter contre les hussards, qui, repoussés par le feu de notre infanterie, s'étaient ralliés et rechargeaient de nouveau.

» Le capitaine en 2e Casadavan est blessé, quelques cavaliers sont tués ou blessés.

» Cet épisode de la bataille est une page honorable pour les cuirassiers de la garde; ils ont eu à charger des carrés d'infanterie intacts, garnis de tout leur feu, soutenus par des pièces chargées à mitraille et appuyés par de la cavalerie..... »

» Les cuirassiers de la garde, disait le *Moniteur de la Moselle,* ont rappelé la charge immortelle des cuirassiers de Waterloo, et à Rezonville ils assurèrent la victoire du 2e corps, de même qu'à Reischoffen leurs frères d'armes s'étaient dévoués à une mort certaine pour sauver les débris de l'armée de Mac-Mahon.

» Ces vaillants soldats ont prouvé que, malgré tous les engins nouveaux de destruction, des hommes de cœur aborderont toujours l'ennemi quand il faudra vaincre ou mourir..... »

levant la division Vergé et Bataille et prenant position de chaque côté du village de Rezonville, pendant qu'une brigade de la division Levassor-Sorval du 6ᵉ corps venait s'appuyer à gauche sur les crêtes du village de Vionville; en même temps la division Deligny des voltigeurs de la garde recevait l'ordre de se porter en face du bois des Ognons, de le faire occuper par son bataillon de chasseurs et d'observer les débouchés par où les Prussiens pouvaient tenter de mettre le pied sur le plateau de Gravelotte.

» Au moment même où l'ennemi prononça son attaque sur Rezonville, il tentait de tourner notre droite avec sa cavalerie : trois de ces régiments, les cuirassiers du roi et deux régiments de uhlans, traversèrent nos batteries à la droite du 6ᵉ corps et, dépassant la crête que nous occupions, tentèrent de se rabattre sur le derrière de notre infanterie.

» La division du général de Forton, dont ils ne soupçonnaient pas la présence, les prit en flanc et en queue, et cette masse de cavalerie fut complètement anéantie sous le sabre de nos dragons et de nos cuirassiers.

» Il était alors 2 heures; l'ennemi était complètement repoussé sur notre droite; au centre l'attitude du 6ᵉ corps et des grenadiers de la garde avait arrêté son attaque, et à gauche il n'avait pas encore pris l'initiative que j'attendais, mais qui ne s'en préparait pas moins.

» Le feu de son artillerie avait à peu près cessé, et il était évident qu'il prenait ses dispositions pour un nouvel effort.

» Complètement rassuré à droite par l'entrée en

ligne des premières troupes du 3e corps, je fis dire au maréchal Le Bœuf de maintenir fortement ses positions avec la division Nayral, de se relier au 6e corps par la division Aymard et de diriger sur Gravelotte la division Montaudon, que je destinais à occuper le débouché d'Ars-sur-Moselle.

» Je faisais reporter en même temps sur le même point les divisions du 2e corps qui avaient été reformées, et je plaçai des batteries de 12 et des mitrailleuses au débouché des ravins, pour y cribler les masses ennemies qui tentaient de s'y engager.

» Je savais que des renforts avaient passé par Ars et par Novéant et je me préoccupais avant tout de l'attaque qui pouvait être faite sur notre flanc.

» Ma ligne de bataille, qui, au début de l'action, se trouvait à peu près parallèle au ravin de Rezonville, avait pris vers 3 heures une position presque perpendiculaire au bois des Ognons, vers Mars-la-Tour et Bruville.

» A ce moment, en effet, le 4e corps venait d'entrer en ligne; la division Grenier, conduite par le général de Ladmirault lui-même, avait chassé l'ennemi devant elle, l'avait repoussé de Saint-Marcel et de Bruville, rejeté sur Mars-la-Tour, et se préparait à l'attaquer à Vionville.

» La division de Cissey appuyait le mouvement, et, sur la droite, marchait la division Clerembault, le 2e chasseurs d'Afrique et la brigade de la garde, lanciers et dragons, qui accourait au canon après avoir escorté l'Empereur jusqu'à Etain.

» Le général de Ladmirault reconnut alors que la

position de Vionville était trop fortement occupée pour qu'il pût s'en emparer avec ses deux divisions, et il dut se borner à maintenir l'ennemi en s'établissant sur le terrain qu'il avait gagné.

» La canonnade qui avait cessé quelque temps, reprit avec plus d'intensité que jamais vers les 5 heures, pour préparer le retour offensif que les Prussiens allaient essayer après un feu qui ne dura pas moins de deux heures. Les réserves dessinèrent l'attaque en grosses masses; une charge de cuirassiers fut tentée par eux sur la division Lafont de Villiers pour rompre notre centre; le 93ᵉ perdit son aigle, un canon fut enlevé, mais les cuirassiers prussiens trouvèrent devant eux la division Valabrègue (1) du 2ᵉ corps, qui s'était maintenue à hauteur de Rezonville; ils furent ramenés vigoureusement, l'aigle et le canon repris.

» J'arrêtai alors le mouvement de la division Montaudon, que j'avais dirigée sur Gravelotte, et je la fis rétrograder vers le 3ᵉ corps, pour parer à toute éventualité; de ce côté, la division de Forton, que j'avais également fait reculer, reprit sa position près du bois de Villers.

» Le général Deligny rejoignit, avec les 4 bataillons de voltigeurs qui lui restaient, la 2ᵉ brigade qui avait déjà appuyé et relevé une partie des grenadiers sur les crêtes du ravin de Rezonville.

» En même temps le général Bourbaki, rassemblant toutes les bouches à feu dont il disposait, établit une

---

(1) Le général de Valabrègue, commandant la division de cavalerie du général Lichtlin.

grande batterie de 54 pièces qui foudroyèrent les masses ennemies et les désorganisèrent pendant que le feu de notre infanterie les faisait reculer.

» A notre gauche, l'ennemi tenta vainement de déboucher par les bois de Saint-Arnould et des Ognons; mais nos mitrailleuses aussitôt arrêtèrent toutes les tentatives en lui faisant subir des pertes énormes.

» A la droite il essaya, avec une masse de cavalerie, de tourner le 4ᵉ corps. Le général de Ladmirault les fit charger avec les nombreux cavaliers qu'il avait sous la main et, après des charges successives où, des deux côtés, on se battit avec acharnement, l'ennemi se retira.

» La division de Cissey protégea notre ralliement et par sa belle contenance en imposa à l'aile gauche prussienne, qui se mit définitivement en retraite.

» L'armée ennemie, battue sur tous les points, se retirait en nous laissant maîtres du champ de bataille, quand un dernier effort fut tenté par elle jusqu'à la nuit close par Rezonville, où je me trouvais en ce moment : je pris à la hâte les zouaves que j'établis perpendiculairement à la route, et, aidé du général Bourbaki, qui rassembla les troupes qu'il avait sous la main, je fis repousser cette dernière attaque, avec laquelle le feu cessa complètement à 8 heures du soir ; le combat avait duré dix heures. »

J'ai indiqué dans le chapitre précédent la situation dans laquelle se trouvait l'armée après la bataille de Rezonville, malgré le succès qu'elle avait obtenu dans cette journée.

Ayant épuisé toutes ses munitions, n'ayant plus de vivres, le maréchal Bazaine crut que dans de telles conditions il était impossible de continuer la retraite sur Verdun, l'armée eût été enveloppée le lendemain par des troupes fraîches, partant de Pont-à-Mousson, qui seraient venues la couper avant l'arrivée à Verdun; cette place, dans une situation moins bonne que Metz, n'était pas en état de donner un point d'appui solide à une armée en retraite, épuisée par des pertes considérables devant l'ennemi et les fatigues de deux grandes batailles.

Le maréchal résolut de se replier sur Metz. Cet abandon du terrain si vaillamment conquis la veille donna aux Allemands une confiance qui les engagea à nous isoler de Verdun en nous coupant de Metz. C'est dans ce but qu'ils vinrent nous attaquer le 18 à Saint-Privat, ainsi qu'il a été indiqué au chapitre précédent : Bataille de Saint-Privat-Amanvillers.

Dépêches à l'Empereur.

Le maréchal Bazaine, dans la journée du 18, adressa à l'empereur les dépêches télégraphiques suivantes :

« *Le maréchal Bazaine à Sa Majesté l'Empereur, au camp de Châlons.*

» Camp du fort de Plappeville, le 18 août 1870, 8 h. 20 soir.

» J'ignore l'importance de l'approvisionnement de Verdun. Je crois qu'il est nécessaire de n'y laisser que ce dont a besoin la place.

» J'arrive du plateau; l'attaque a été très vive. En

ce moment, 7 heures, le feu cesse; nos troupes constamment restées sur nos positions. Un régiment, le 60e, a beaucoup souffert en défendant la ferme Saint-Hubert. »

« *Le maréchal Bazaine à Sa Majesté l'Empereur, au camp de Châlons.*

» Ban-Saint-Martin, 19 août 1870.

» L'armée s'est battue hier toute la journée sur les positions de Saint-Privat et Rozerieulles et les a conservées. Les 4e et 6e corps ont fait, vers 9 heures, un changement de front, l'aile droite en arrière, pour parer à un mouvement tournant par la droite que les masses ennemies tentaient d'opérer à l'aide de l'obscurité.

» Ce matin, j'ai fait descendre de leurs positions les 2e et 3e corps, et l'armée est de nouveau groupée sur la rive gauche de la Moselle, de Longeville au Sansonnet, formant une ligne courbe passant par le Ban-Saint-Martin derrière les forts de Saint-Quentin et de Plappeville.

» Les troupes sont fatiguées de ces combats incessants, qui ne leur permettent pas les soins matériels, et il est indispensable de les laisser reposer deux ou trois jours.

» Le roi de Prusse était ce matin avec M. de Moltke à Rezonville, et tout indique que l'armée prussienne va tâter la place de Metz.

» Je compte toujours prendre la direction du nord et me rabattre ensuite sur Montmédy par la route de

Sainte-Menehould et Châlons si elle n'est pas fortement occupée.

» Dans ce cas, je continuerais sur Sedan et même Mézières pour gagner Châlons.

» Il y a dans la place de Metz 700 prisonniers qui deviendraient un embarras pour la place en cas de siège : je vais proposer un échange au général de Moltke pour pareil nombre d'officiers et de soldats français.

» (Communiquer à Mac-Mahon). »

Ces deux dépêches ont été publiées en Belgique.

« *Le maréchal Bazaine à l'Empereur.*

» Ban-Saint-Martin, 20 août 1870 »

» Nos troupes occupent toujours les mêmes positions. L'ennemi paraît établir des batteries qui doivent lui servir à appuyer son investissement ; il reçoit constamment des renforts.

» Nous avons dans Metz au delà de 16.000 blessés. »

Ordre du jour à l'armée.

Le maréchal adressa aux troupes après les trois batailles du 14 à Borny, du 16 à Rézonville, du 18 à Saint-Privat, l'ordre du jour suivant :

« Officiers, sous-officiers et soldats,

» Vous venez de livrer trois combats glorieux dans

lesquels l'ennemi a éprouvé des pertes sensibles et a laissé entre nos mains un étendard, des canons et 700 prisonniers. La Patrie applaudit à vos succès.

» L'Empereur me délègue pour vous féliciter et vous assurer de sa gratitude; il récompensera ceux d'entre vous qui ont eu le bonheur de se distinguer.

» La lutte ne fait que commencer ; elle sera longue et acharnée, car quel est celui de nous qui ne donnerait la dernière goutte de son sang pour délivrer le sol natal ?

» Que chacun de nous, s'inspirant de l'amour de notre chère patrie, redouble de courage dans les combats, de résignation dans les fatigues et les privations.

» Soldats, n'oubliez jamais la devise inscrite sur vos aigles : Valeur et discipline, — et la victoire est assurée. La France entière se lève derrière vous.

» Au grand quartier général du Ban-Saint-Martin.

» *Le maréchal commandant en chef,*

« Signé : BAZAINE. »

Cette proclamation à l'armée de Metz est un document historique, écœurant, quand on songe que le maréchal qui l'a signée a donné si peu l'exemple de l'abnégation et du dévouement qu'il recommandait à ses troupes en livrant lui-même si honteusement à l'ennemi des drapeaux et des étendards sur lesquels était inscrite la devise « Honneur et Patrie », qu'il a été le premier à méconnaître.

Conséquences à tirer des journées du 14, du 16 et du 18 août.

Les conséquences à tirer des batailles du 14, du 16 et du 18 août, sont nombreuses, mais la plus importante assurément c'est le changement que l'on a dû apporter dans l'établissement des places fortes.

Avec la nouvelle artillerie, une place de guerre n'est plus à l'abri que sous la protection des forts avancés construits sur tous les points culminants qui l'entourent.

On doit à la puissante initiative du maréchal Niel d'avoir pu défendre Metz ; sans, les forts, quoiqu'ils ne fussent pas en état de défense, après la bataille de Borny et notre passage sur la rive gauche, l'ennemi aurait bombardé la place.

Il faut aussi reconnaître qu'avec les ressources formidables dont les puissances militaires disposent à présent, une seule place forte est incapable d'empêcher une armée d'être bloquée. Metz et Paris en sont deux exemples frappants.

Si Saint-Germain, qui par sa position dominante commande la vallée de la Seine et garde des routes importantes, eût été solidement fortifié, approvisionné, occupé par des forces suffisantes et relié à Paris, le blocus de la capitale eût été très difficile. Dans tous les cas, le concours de cette 2ᵉ place forte contribuait à donner une base imposante aux sorties, à assurer le succès des opérations extérieures, et permettait surtout l'emploi des immenses ressources en hommes et en matériel qui restèrent derrière des murs sans qu'elles aient pu être employées utilement.

On doit donc conclure qu'il ne faut pas qu'une armée s'immobilise sous une place de guerre où elle ne peut que se faire bloquer, mais elle doit conserver autour d'elle de l'espace pour manœuvrer.

Quant à la ligne de la Moselle, elle était loin d'être suffisamment fortifiée : à Frouard, il aurait fallu un vaste camp retranché; à Mousson un fort pour défendre les passages de la Moselle; entre Thionville et Metz quelques ouvrages sur les points culminants.

Cette lutte gigantesque a prouvé qu'on devra donner à l'avenir, à l'attaque comme à la défense, des proportions colossales.

Pour résister à la nouvelle artillerie, tous nos forts ont dû être transformés avec des batteries blindées et de bonnes casemates protégées par des recouvrements en terre très épais.

Il deviendra peut-être aussi nécessaire d'établir, dès qu'on le pourra, des ouvrages de campagne lestement faits, soit pour conserver une position, garder un village ou maintenir des lignes, surtout lorsque l'on sera inférieur en nombre à l'ennemi.

Il était indispensable que notre artillerie de campagne fût modifiée et augmentée sensiblement.

L'artillerie prussienne s'est beaucoup servie des feux convergents et possédait en outre une supériorité réelle sur la nôtre par le nombre des batteries, par la force du calibre et par la portée.

Le 18, le prince Frédéric-Charles démasqua en face notre gauche une batterie de 80 pièces.

Au dire des officiers d'artillerie eux-mêmes, nos pièces de 4 dont on devait se servir surtout contre les troupes — n'ont pas été employées avec assez de hardiesse; elles avaient un avantage comme mobilité, comme légèreté, surtout à cause du nombre de coups que renfermaient les coffres (400 coups).

Le projectile de 4 donnait autant d'éclats que celui de 12; la bonne portée du 4 était de 2.000 mètres.

Les Allemands possédaient du 4 et du 6 se chargeant par la culasse, leur portée était de 3.000 mètres; pour faire disparaître cet avantage, notre artillerie aurait dû se porter à 1.000 ou 1.200 mètres plus en avant, couverte par des tirailleurs d'infanterie. C'était donc déjà une infériorité sur l'adversaire.

Cette façon d'employer le 4, approuvée par des officiers entreprenants, présentait surtout l'inconvénient d'exposer davantage les pièces. Il fallait, pour les appuyer, approcher les lignes qui se trouvaient même avant l'engagement sous le feu de l'ennemi.

On ne pouvait donc obtenir avec cette manœuvre un résultat satisfaisant que dans un moment décisif, pour pousser ou soutenir franchement l'attaque; mais il est incontestable que l'artillerie allemande avait sur la nôtre de très grands avantages.

Notre infanterie, armée d'un excellent fusil supérieur au fusil allemand, pouvait fournir de très bons tirailleurs qui, en se défilant, parvenaient à s'approcher assez prêt pour tuer les servants sur leurs pièces, et démonter ainsi l'artillerie ennemie.

Les zouaves et les grenadiers de la garde montrèrent, le 16, beaucoup de sang-froid et de bravoure.

Le 18, le corps Canrobert entraîné par son intrépide maréchal a été sublime.

Notre cavalerie, dans les engagements du 16, a fait preuve d'un remarquable entrain. Quoique très bonne, sinon supérieure, au moins égale à la cavalerie prussienne, elle a cependant complètement manqué dans cette campagne de l'initiative que doivent avoir les éclaireurs pour reconnaître et observer l'ennemi.

De mauvaises cartes quand nous aurions dû en posséder d'excellentes et des reconnaissances généralement mal faites, nous laissaient dans l'ignorance la plus complète sur la marche, la force et les dispositions de l'ennemi, tandis que les Allemands, au contraire, appliquaient à la lettre notre service en campagne ainsi que les sages conseils donnés par le général de Brack dans son excellent livre intitulé « *Avant-postes de cavalerie légère* » (1).

Les uhlans, qui sont aussi de très bons cavaliers en

---

(1) Ces fautes se sont produites pendant toute la campagne, ainsi que le prouve cette dépêche du comte de Palikao, ministre de la guerre, au maréchal de Mac-Mahon :

« *Guerre à maréchal de Mac-Mahon.*

» 19 août 1870.

» J'apprends de source certaine que les corps ne se gardent pas. qu'il n'y a pas de reconnaissances sérieusement organisées jusqu'ici.

» Je fais cependant exception pour la cavalerie du général de Fénelon qui a produit des renseignements utiles. — J'ai su que le corps de Failly à Chaumont et à Bressier n'était ni éclairé ni gardé. Cette absence de vigilance permet à des partis isolés et sans importance de couper les chemins de fer. Cette opération a déjà été exécutée dans plusieurs endroits par quelques cavaliers qu'il eût été facile de chasser à coups de fusil si on s'était gardé. »

ligne, faisaient d'une façon remarquable le service d'éclaireurs : ils couvraient constamment leur armée et pénétraient presque jusque dans nos camps.

Il faut encore remarquer que pour conserver une bonne cavalerie, il est indispensable de la nourrir, de la soigner et de l'abriter.

Les guerres d'Afrique avaient appris à s'installer sur tous les terrains en se mettant à couvert sous la tente-abri ; c'était certainement une bonne invention, il ne faut cependant pas en user indéfiniment pendant toute une campagne en Europe, mais cantonner quand on peut ; on repose ainsi hommes et chevaux. On est tombé maintenant dans l'excès contraire : en supprimant complètement la tente-abri.

Le cheval soumis aux intempéries dépérit, perd son énergie, sa valeur et devient incapable de rendre de bons services.

Tels furent nos chevaux en Crimée après le rude hiver que nous y passâmes, et à Metz quand la ration fut diminuée et que les pluies et le mauvais temps vinrent achever de les affaiblir.

C'était une faute d'avoir voulu renoncer d'une façon exclusive aux cantonnements. Le bivouac peut être indispensable dans bien des cas mais c'est aussi une erreur de vouloir se priver complètement de la tente-abri, qui nous a été si souvent utile.

Notre cavalerie, sur le champ de bataille, dans ses rencontres avec l'armée allemande, était trop souvent séparée de son artillerie.

Cette dernière n'est inutile aux cavaliers que pour faire de simples reconnaissances destinées à observer l'ennemi ; mais dans tout autre cas elle doit toujours marcher avec eux.

C'est ainsi qu'à Rezonville le régiment des cuirassiers de la garde fut sacrifié pour arrêter le mouvement en avant de l'armée prussienne qui cherchait à percer notre centre; la charge des cuirassiers, préparée par le canon, aurait eu encore un bien meilleur résultat.

Une batterie ne suffisait pas à la division, il en aurait fallu une par brigade, 2 ou 3 pour une division, suivant le nombre de régiments. A Rezonville, les Allemands commencèrent l'attaque avec 3 batteries soutenues par deux régiments de cavalerie.

Ils appuyaient souvent leur infanterie par la cavalerie placée en arrière ou aux ailes; elle est mieux aux ailes.

A Rezonville, après avoir abordé les carrés ennemis, nous fûmes chargés par des hussards qui se trouvaient derrière l'infanterie. Cette charge demeura sans grand effet; elle serait devenue bien plus dangereuse pour nous si elle avait été dirigée sur nos flancs.

Quant à la cavalerie attachée aux brigades et divisions d'infanterie, elle aurait dû aussi être employée à reconnaître l'ennemi pendant le combat.

Il est arrivé souvent qu'à la suite de mouvements, l'artillerie n'osait plus tirer, ne sachant pas si elle avait devant elle des colonnes françaises ou des colonnes ennemies.

Quelques cavaliers intelligents, attachés aux batteries, remédieraient à ce grave inconvénient en se portant rapidement en avant pour renseigner les artilleurs lorsqu'il y a incertitude.

Quant à la manière de combattre l'armée prussienne, elle était conforme aux principes que je préconisais dans la conférence déjà citée, et je supposais alors qu'ils devaient être appliqués par l'armée française.

J'émettais l'opinion suivante :

« La guerre deviendra probablement à l'avenir une série d'attaques de positions, d'affaires partielles préparées par l'habileté et l'initiative du général en chef, menées à bonne fin par la valeur de ses subordonnés de tout grade.

» L'art consistera donc à savoir dissimuler ses forces ; — à choisir des positions qui dominent celles de l'adversaire pour les garder à tout prix ; — à inquiéter l'ennemi par de fausses démonstrations, pour le déloger en lui faisant brûler inutilement ses cartouches ; — à accabler de projectiles le point d'attaque, une fois qu'il aura été fixé ; — à se servir beaucoup de feux convergents et à attaquer toujours sous la protection de l'artillerie.

» Mais si la lutte devient très sérieuse, il ne faut pas hésiter à employer ses réserves. La vraie prudence consiste alors dans une détermination énergique; car, à force d'indécision et de manque d'initiative, on laisse souvent à l'ennemi un avantage qu'on éprouve de la difficulté à lui reprendre ensuite.

» Quand le chef aura combiné froidement toutes ses chances, s'il a confiance dans la valeur de sa troupe, il peut tenter un coup hardi et profiter habilement de la surprise de l'adversaire pour pousser plus loin encore son succès.

» On ne saurait trop faire de simulacres d'opérations

militaires pendant la paix, afin de familiariser l'officier et le soldat avec tous les terrains, pour le distraire surtout de la monotonie de son service de garnison, qui l'engourdit; on l'obligerait ainsi à acquérir une appréciation juste des distances et des obstacles qu'il peut rencontrer.

» Il serait nécessaire de rectifier sur le terrain de manœuvre les fautes du champ de bataille, car une campagne ne profite réellement que lorsqu'au retour on reconnaît ses travers ; *mais le succès fait vite oublier les difficultés à vaincre, et il faut un échec pour montrer les erreurs commises*..............................
.... »

Tout en avouant nos défauts, il faut aussi reconnaître que l'armée française avait contre elle une supériorité numérique écrasante, qui n'a pu être compensée ni par la valeur des troupes, ni par l'énergie vraiment remarquable qui fut déployée dans ces cinq journées.

Enfin après avoir livré, à la suite de marches forcées, le 14 la bataille de Borny, — fait pendant la nuit du 14 et la journée du 15 une marche rapide accompagnée de combats, — puis engagé une 2° grande bataille le 16 à Rezonville, — livré des combats le 17 à Gravelotte, — une 3° grande bataille le 18 à Saint-Privat et Amanvillers, l'armée de Metz, épuisée par des luttes continuelles contre des forces toujours doubles ou triples des siennes, fut obligée, pour se refaire, de se retirer sur les glacis de la place, sous la protection des forts que l'on se mit à terminer. Et le peu de résultats obtenus après ces luttes glorieuses fut la conséquence de l'erreur commise en négligeant d'arrêter l'ennemi sur la ligne de la Moselle.

Dans ces batailles les deux armées firent des pertes considérables. L'armée allemande annonça à Rezonville 20.000 hommes hors de combat ; sa cavalerie surtout avait été fort éprouvée dans tous les engagements avec la nôtre.

Dès lors toutes nos communications étaient coupées avec l'extérieur, et, à partir de ce moment, commença cet infernal blocus qui devait nous conduire à notre perte.

DEUXIÈME PÉRIODE

DU BLOCUS A LA CAPITULATION

CHAPITRE Ier

SOMMAIRE

Tentative pour rompre le blocus. — Sortie du 26 août. — Réunion d'un conseil de guerre à la ferme de Grimont ; ses délibérations.
Bataille de Servigny (31 août). — Son peu de résultats. — Avantages que l'on aurait pu retirer en attaquant simultanément vers Malroy, Sainte-Barbe et Mercy-le-Haut. — Dispositions à prendre. — Etablissement d'un grand camp retranché pouvant fournir des approvisionnements et une bonne installation pour les troupes.

Tentatives pour rompre le blocus.

Après la bataille du 18 août, il était possible au maréchal Bazaine, quand ses troupes furent reposées et approvisionnées, de rompre ou au moins d'élargir le cercle qui l'enveloppait.

L'armée était aguerrie par les dernières luttes, la cavalerie éprouvée et capable de tout entreprendre.

Pour sortir de Metz, on ne devait plus essayer de regagner la route de Verdun en reprenant les hauteurs de Gravelotte, mais il fallait suivre la vallée de la Seille, au sud-est, ou longer les deux rives de la Moselle au nord.

Dans le premier cas, l'armée, après avoir percé les lignes prussiennes, s'engageait sur la route de Strasbourg en protégeant son flanc droit par la Seille, et pouvait peut-être arriver jusqu'aux Vosges.

Cependant elle marchait au hasard, et l'armée d'investissement, remise de sa première surprise, ralliant ses renforts, la poursuivait pour la couper ou l'arrêter de nouveau ; une défaite dans de pareilles conditions devenait désastreuse, car c'était encore un nouveau blocus sans munitions et sans vivres.

Dans le 2ᵉ cas on cherchait à se relier à Thionville, soit de vive force, soit en se fortifiant au fur et à mesure afin de s'appuyer sur des positions solides.

L'armée du maréchal Bazaine trouvait ainsi à vivre, gardait des relations avec l'intérieur de la France et attendait les événements; l'ennemi était obligé, pour l'envelopper, de déployer des forces considérables.

Le 2ᵉ cas, présentant le plus d'avantages, fut choisi; le 26 août, les 4ᵉ et 6ᵉ corps, appuyés par la garde, vinrent s'établir sur la rive droite de la Moselle.

« Je voulais, dit le maréchal, forcer le passage le long de cette rive, mais une véritable tempête nous surprit et rendit inexécutable dans de bonnes conditions tout mouvement offensif sur des terrains aussi détrempés (1). »

Dès le matin, ces trois corps quittèrent leur bivouac et, traversant la Moselle sur deux ponts, qui aboutissaient à la même route, vinrent prendre position en dehors du camp retranché, en avant du fort Saint-Julien, du côté de Servigny et de Sainte-Barbe.

Les Prussiens replièrent aussitôt leurs avant-postes et lancèrent quelques obus sur nos têtes de colonne.

Vers 2 heures de l'après-midi, on était près de livrer

---

(1) Rapport sommaire sur les opérations de l'armée du Rhin, du 13 août au 29 octobre 1870, par le commandant en chef, maréchal Bazaine.

bataille, il ne restait plus à faire passer que quelques bataillons, lorsque le temps s'étant mis subitement à la pluie, le maréchal donna l'ordre de reprendre les positions quittées le matin.

On employa toute la nuit à exécuter ce mouvement rétrograde, qui fut du plus mauvais effet : l'ennemi crut qu'il nous avait intimidés.

Le même jour, le maréchal réunit à la ferme de Grimont les commandants des corps d'armée et les chefs des armes spéciales; ils émirent l'avis que l'armée devait rester sous Metz, parce que sa présence, en y maintenant au moins 200.000 Allemands, donnait à la France le temps d'organiser la résistance; que du reste, en cas de retraite de l'ennemi, cette armée, se trouvant dans une excellente position sur ses derrières, le harcèlerait ou le battrait complètement.

Quant à la ville de Metz, il fut aussi reconnu qu'elle avait besoin de la présence des troupes pour terminer les forts, compléter leur armement, ainsi que les défenses extérieures du corps de place, et que, *sans leur protection, elle ne tiendrait pas plus de quinze jours.*

Par suite d'une négligence inexcusable, on n'avait pris aucune précaution, quand il en était temps encore, soit pour augmenter les approvisionnements, soit pour faire sortir les bouches inutiles ou les étrangers qui pouvaient être nuisibles par leurs accointances; et, sous prétexte de ne pas inquiéter les populations, on n'avait mis en vigueur aucun des règlements militaires qui prescrivaient les précautions à employer en pareil cas.

Quelque temps avant, l'intendant général de l'armée

était parti pour activer l'exécution des marchés. L'intendant de Préval le rejoignit; ni l'un ni l'autre ne purent revenir, et on se trouva bientôt réduit aux insignifiantes provisions que renfermaient les magasins de Metz ou les quelques villages occupés.

Dans la réunion du 26, le maréchal Le Bœuf fut seul opposé à ce projet : il prétendit et soutint avec énergie qu'il fallait à tout prix chercher à se débarrasser de cette étreinte de fer pendant qu'il en était temps encore; le maréchal, auquel on peut certainement reprocher d'avoir engagé cette guerre avec imprévoyance, fut toujours à Metz du parti de l'action et fit preuve de grandes qualités militaires; il semblait qu'il voulût faire oublier par une mort glorieuse une faute qui nous avait été si préjudiciable.

Néanmoins on convint que l'on tenterait des coups de main pour soutenir le moral des troupes et augmenter les ressources. Des compagnies de partisans furent aussitôt organisées dans les divisions.

Mais tout cela ne suffisait pas : il aurait fallu chercher sérieusement à élargir le cercle afin de le percer plus facilement, faire avec soin des ravitaillements, et surtout, à partir de ce moment, rationner les habitants comme la troupe.

Le 30 août, le maréchal reçut, par le retour d'un émissaire qu'il avait envoyé à l'Empereur au camp de Châlons, l'avis suivant :

« Votre dépêche du 19 août m'est arrivée à Reims; je me porte dans la direction de Montmédy; je serai après-demain sur l'Aisne d'où j'agirai selon les circonstances pour vous venir en aide. »

Bataille de Servigny.

L'armée fut réunie de nouveau le 31 en avant des forts de Queuleu et de Saint-Julien.

Le maréchal indiqua comme objectif à enlever le plateau de Sainte-Barbe; en cas de réussite, il avait l'intention de gagner Thionville par Bettelainville et Redange avec les 3e, 4e et 6e corps, en faisant filer la garde et le 2e corps par la route de Malroy. (Voir la carte.)

La rive droite offrait l'avantage de ne pas traverser l'Orne, et Sainte-Barbe était une position importante à occuper.

L'opération, commencée trop tard, le 31, réussit cependant en partie: nos troupes s'emparèrent des villages de Retonfey et de Flanville, puis de ceux de Noisseville et de Servigny.

« Retonfey surtout avait la plus grande importance, disait le *Moniteur prussien*, car les Français, en s'y maintenant, rompaient le cercle qui les enfermait. »

En effet, l'ennemi le comprit si bien que revenant pendant la nuit avec des forces considérables tirées de la rive gauche, il nous contraignit d'abandonner, le lendemain, des positions vaillamment conquises. Ces différents combats, qui n'avaient pas duré moins de 36 heures, restèrent sans résultats.

Il est regrettable que l'on n'ait pas évité, le 31, les pertes de temps et les difficultés rencontrées le 26 pour établir les troupes à leur emplacement de combat.

En jetant plusieurs ponts sur la Moselle, on aurait

facilité les communications entre les deux rives, au-dessous de Saint-Julien; et les routes seraient restées libres pour l'artillerie et la cavalerie, si l'on avait pratiqué dans les vignes ou à travers champs de larges sentiers pour l'infanterie.

Ensuite en rompant les ponts de l'ennemi, soit en les faisant canonner à bonne portée, soit en les détruisant avec des machines infernales, on l'empêchait de recevoir des renforts de la rive gauche, mais en n'inquiétant l'adversaire que sur un seul point, on le laissait libre de disposer de toutes ses ressources.

Les troupes sortirent trop tard de leurs bivouacs : il eût été préférable qu'elles fussent réunies, au point du jour, à leur emplacement de combat, pour attaquer simultanément sur *plusieurs points.*

Dans la position que nous occupions par rapport à l'ennemi, Mercy-le-Haut, Sainte-Barbe et les hauteurs de Malroy ne devaient pas être négligées.

Il était important de s'en emparer à tout prix, en employant des forces suffisantes, de s'y fortifier aussitôt et de s'y maintenir.

La possession de ces villages obligeait l'ennemi à céder les points intermédiaires pour ne pas se laisser envelopper. En le forçant ainsi à élargir son cercle, nous avions des chances plus certaines pour marcher sur Thionville et, d'ailleurs, une base d'opérations meilleure.

Les travaux des forts, poussés activement depuis le 18, mettaient la place à même de se défendre sans le concours de l'armée, qui devait la considérer seulement comme un point d'appui.

Pour engager l'action, il me semble qu'il aurait fallu rapidement et sans désordre faire passer la plus grande partie de l'armée sur la rive droite à l'aide de ponts de bateaux; laisser sur la rive gauche, sous la protection des forts, une ou deux divisions seulement pour inquiéter l'ennemi par de fausses démonstrations et y retenir une partie de ses forces; puis attaquer avec le 4ᵉ corps les hauteurs de Malroy, — avec le 3ᵉ Servigny et Sainte-Barbe, — avec le 2ᵉ Mercy-le-Haut; — conserver en réserve la garde et le 6ᵉ corps pour porter secours aux points menacés ou empêcher l'ennemi de venir tourner les attaques entre Mercy-le-Haut et Servigny. Notre droite était ainsi appuyée à la Seille, soutenue par le fort Queuleu ; notre gauche à la Moselle, appuyée par le fort Saint-Julien.

C'était une 2ᵉ édition de la bataille de Borny, mais en mettant l'avantage de notre côté, puisque nous choisissions nous-mêmes nos attaques après avoir tout disposé pour combattre.

L'occupation de Malroy faisait tomber en notre pouvoir, sur la rive gauche, Ladonchamp, les Maxes, les Petites-Tappes; et, sur la rive droite, Sainte-Barbe et Mercy-le-Haut nous donnaient Vany, Chieulles, Lauvalières, Servigny, Retonfey, Coincy, Colombey, Aubigny, Ars-Laquenexy, la Horgue, la Grange-Bois et Peltre.

Tous ces villages fournissaient des cantonnements pour la cavalerie et des approvisionnements considérables qui, bien administrés, nous faisaient vivre longtemps.

En occupant les trois points ci-dessus indiqués :

Malroy, Sainte-Barbe et Mercy-le-Haut, fortifiés et reliés entre eux, l'armée du maréchal Bazaine se trouvait établie dans un vaste camp retranché appuyé sur Metz et adossé à la Moselle et à la Seille. Des ponts de bateaux entre Metz et Malroy devaient rendre faciles les communications avec les deux rives.

L'armée prussienne était obligée ainsi d'élargir son cercle; — notre marche vers Thionville devenait moins difficile; — nous avions d'ailleurs une installation convenable et des ravitaillements assurés pour prolonger la résistance autour de Metz; — nous facilitions en même temps l'œuvre de l'armée de secours, car, à son approche, protégés par nos ouvrages avancés, nous pouvions lui donner la main en repassant sur l'autre rive à l'aide de nos ponts de bateaux.

En outre, l'ennemi, pour nous poursuivre, contraint de faire un très grand détour, perdait un temps considérable.

Afin d'augmenter le nombre des combattants, ce dont on ne s'est pas assez préoccupé, car il existait à Metz une quantité de traînards qui auraient mieux fait à leurs corps, on aurait dû organiser plus militairement les mobiles et les gardes nationaux pour leur confier spécialement la garde des forts et des remparts.

Beaucoup d'entre eux paraissaient, du reste, tellement convaincus que l'armée en demeurant sous Metz épuiserait vite les ressources de la ville, qu'ils n'auraient, je suppose, pas hésité à accepter avec la garnison la responsabilité de la défense pour laisser le maréchal Bazaine libre de ses mouvements.

Il est cependant juste de dire que c'est grâce à cette

armée que Metz n'a pas été attaqué et enlevé le 19 août, ce qui serait certainement arrivé si le maréchal l'avait livré à ses propres ressources en marchant, après la journée du 16, sur Verdun.

Quant aux munitions qui nous manquaient, on y avait déjà remédié.

Le général Soleille faisait rechercher dans la ville tous les fourneaux capables de fondre des projectiles ; on pouvait aussi utiliser les calibres de 12 en transformant les batteries de mitrailleuses devenues inutiles, car elles attendaient leurs approvisionnements de Paris et presque toutes en étaient dépourvues.

Mais ces précautions ne furent pas assez sérieusement prises dès le début, et nos ressources, très restreintes, diminuaient chaque jour.

L'affaire du 31, appelée bataille de Servigny et dans laquelle se livrèrent quelques combats glorieux pour nos troupes, peut néanmoins passer pour une mauvaise opération militaire. Nous fîmes des pertes sensibles, et la valeur des soldats, employée mal à propos, ne servit même pas à les ravitailler, car on ne sut pas profiter de l'occupation des villages qui furent enlevés dans la soirée du 31 pour faire immédiatement des réquisitions en indemnisant les habitants.

C'était le rôle de l'intendance, et, sous la direction de l'intendant général, chaque corps aurait dû recevoir une part proportionnée à ses effectifs.

CHAPITRE II

SOMMAIRE

Evénements du 4 Septembre. — Ordre du jour du maréchal à l'armée. — Proclamation du général Coffinières aux habitants. — Le maréchal essaie sans pouvoir y réussir de se mettre en relations avec le gouvernement de la Défense nationale. — Dépêches télégraphiques. — Influence sur Metz du désastre de Sedan. — Les difficultés augmentent.

Evénements du 4 Septembre.

Après la bataille de Servigny, le maréchal expédia le 1ᵉʳ septembre à l'Empereur la dépêche suivante :

« A la suite d'une tentative de vive force, laquelle nous a amenés à un combat qui a duré deux jours dans les environs de Sainte-Barbe, nous sommes de nouveau dans le camp retranché de Metz avec peu de ressources en munitions d'artillerie de campagne; nous n'avons ni viande ni biscuit.

» L'état sanitaire est loin d'être satisfaisant; la place est encombrée de blessés.

» Malgré ces nombreux combats, le moral de l'armée reste bon. Je continue à faire des efforts pour sortir de la situation dans laquelle nous sommes, mais l'ennemi est très nombreux autour de nous. Le général Decaen est mort.

» Blessés ou malades, environ 20.000. »

Depuis cette époque le maréchal ne reçut plus aucune communication du gouvernement; on apprit indirectement la bataille de Sedan et la capitulation qui s'en suivit par un médecin de l'Internationale chargé de soigner les blessés prussiens.

Le 9 septembre nous eûmes une lueur d'espérance en entendant une canonnade assez vive au delà de nos avant-postes; mais ce n'était qu'une feinte de l'ennemi, qui voulait faire croire aux prisonniers de Sedan que le bombardement de Metz commençait.

La nouvelle des événements du 4 Septembre nous parvint par un prisonnier qui avait pu s'échapper d'Ars-sur-Moselle. Des journaux trouvés aux avant-postes les confirmèrent; ils annonçaient la captivité de l'Empereur, le départ de l'Impératrice et l'établissement du gouvernement de la Défense nationale.

Le maréchal adressa aussitôt à son armée l'ordre du jour suivant :

« A l'armée du Rhin,

» D'après deux journaux français du 7 et du 10 septembre apportés au grand quartier général par un prisonnier français qui a pu franchir les lignes ennemies, S. M. l'empereur Napoléon aurait été interné en Allemagne après la bataille de Sedan, et l'Impératrice ainsi que le Prince impérial ayant quitté Paris le 4 septembre, un pouvoir exécutif, sous le titre de gouvernement de la Défense nationale, s'est constitué à Paris.

» Les membres qui le composent sont :

» MM.
» Trochu, président;
» Jules Favre;

» Jules Simon;
» Arago;
» Pelletan;
» Gambetta;
» Crémieux;
» Glais-Bizoin;
» Garnier-Pagès;
» Ernest Picard;
» Rochefort.

» Généraux, officiers et soldats de l'armée du Rhin, nos obligations militaires envers la patrie en danger restent les mêmes.

» Continuons donc à la servir avec dévouement et avec la même énergie, en défendant son territoire contre l'étranger, l'ordre social contre les mauvaises passions.

» Je suis convaincu que votre moral, ainsi que vous en avez déjà donné tant de preuves, restera à la hauteur de toutes les circonstances et que vous ajouterez de nouveaux titres à la reconnaissance et à l'admiration de la France.

» Ban-Saint-Martin, le 16 septembre 1870.

» BAZAINE. »

Proclamation du général Coffinières aux habitants.

Le 13 septembre, le général Coffinières, commandant la place, faisait afficher à Metz cette proclamation :

« Habitants de Metz,

» On a lu dans un journal allemand, *la Gazette de la Croix*, les nouvelles les plus tristes sur le sort d'une armée française écrasée par le nombre de ses adversaires, sous les murs de Sedan, après trois journées de lutte inégale.

» Ce journal annonce également l'établissement du nouveau gouvernement par les représentants du pays.

» Nous n'avons pas d'autres renseignements sur les événements, mais nous ne pouvons pas non plus les démentir.

» Dans des circonstances aussi graves, notre unique pensée doit être pour la France, notre devoir à tous, simples citoyens ou fonctionnaires, est de rester à notre poste pour concourir ensemble à la défense de la ville de Metz.

» En ce moment solennel, la France, la patrie, ce nom qui résume tous nos sentiments, toutes nos affections, est à Metz, dans cette cité qui a tant de fois résisté aux efforts des ennemis du pays.

» Votre patriotisme, le dévouement dont vous donnez déjà des preuves par votre empressement à recueillir et à soigner les blessés de l'armée, ne peuvent faire défaut ; vous savez vous faire respecter et honorer de vos ennemis par votre résistance. Vous avez d'ailleurs d'illustres souvenirs qui vous soutiendront dans cette lutte énergique.

» L'armée qui est sous nos murs et qui a déjà fait connaître son héroïsme dans des combats glorieux, à

Borny, à Rezonville, à Amanvillers, à Servigny, ne nous quittera pas, elle résistera avec nous aux ennemis qui nous entourent et cette résistance donnera au gouvernement le temps de sauver la France, de sauver la patrie.

» Metz, le 13 septembre 1870.

» *Le général de division commandant supérieur de la place de Metz.*

» L. Coffinières;

» Paul Odent, *préfet de la Moselle;*
» Félix Maréchal, *maire de Metz.* »

Dès ce moment il fallait s'attendre à tout, mettre encore plus d'économie dans la distribution des rations, et chercher par tous les moyens possibles à se ravitailler, en exécutant strictement les règlements militaires applicables en pareil cas.

A partir du 1er septembre, il n'y avait déjà plus de viande de bœuf pour la troupe et on commençait à manger les chevaux dont la ration de fourrage avait été sensiblement diminuée.

Le maréchal Bazaine tenta à diverses reprises de se mettre en relations avec le gouvernement de la Défense nationale et lui adressa en triple expédition la dépêche suivante :

« Il est urgent pour l'armée de savoir ce qui se passe à Paris et en France; nous n'avons aucune communication avec l'extérieur, et les bruits les plus étranges sont répandus par les prisonniers que nous a rendus l'ennemi, qui en propage également de nature alarmante.

» Il est important pour nous de recevoir des instructions et des nouvelles.

» Nous sommes entourés de forces considérables que nous avons vainement essayé de percer le 31 août et le 1ᵉʳ septembre. »

Le maréchal ne reçut aucune réponse à toutes ces missives confiées à des soldats de bonne volonté; pas un ne revint.

Les nouvelles n'arrivaient que par les journaux allemands trouvés sur les prisonniers, ou par les parlementaires.

Je reproduis ci-dessous quelques télégrammes antérieurs qui peuvent éclairer sur cette pénible situation, et prouver combien les débuts malheureux de cette campagne ainsi que les fautes commises, furent ressentis d'une façon pernicieuse par nos armées.

« *Guerre à S. M. l'Empereur, camp de Châlons.*

» Paris, 17 août 1870, 10 h. 25 soir.

» L'Impératrice me communique la dépêche par laquelle l'Empereur annonce qu'il veut ramener l'armée du camp de Châlons sur Paris.

» Je supplie l'Empereur de renoncer à cette idée, qui paraîtrait l'abandon de l'armée de Metz qui ne peut faire en ce moment sa jonction avec Verdun.

» L'armée de Châlons sera, avant trois jours, de 85.000 hommes sans compter le corps de Douay qui rejoindra dans trois jours et qui est de 18.000 hommes.

» Ne peut-on pas faire une puissante diversion sur les corps prussiens déjà épuisés par plusieurs combats?

» L'Impératrice partage mon opinion. Je prie l'Empereur d'agréer mes respectueux hommages. »

« *L'Empereur au ministre de la guerre, Paris.*

» Camp de Châlons, 18 août 1870, 9 h. matin.

» Je me rends à votre opinion. Ne retardez pas le mouvement de la cavalerie.

» Bazaine demande avec instance des munitions. Je vous envoie par Béville les dépêches du maréchal, qui ne contiennent rien de nouveau.

» Le régiment des cuirassiers blancs de M. de Bismarck a été complètement détruit. »

« *Maréchal Mac-Mahon à Guerre, Paris.*

» Quartier général, 19 août 1870.

» Veuillez dire au Conseil des ministres qu'il peut compter sur moi et que je ferai tout pour rejoindre Bazaine. »

« *Maréchal Mac-Mahon à Guerre, Paris.*

» Reims, 22 août 1870, 10 h. 45 matin.

» Le maréchal Bazaine a écrit du 18 août qu'il comptait toujours opérer son mouvement de retraite vers

Montmédy; par suite, je vais prendre mes dispositions pour me porter sur l'Aisne.

» Prévenez le conseil des ministres et accusez-moi réception de cette dépêche. »

« *Maréchal Mac-Mahon à Guerre, Paris.*

» Le Chesne, 27 août 1870, 8 h. 30 soir.

» Les première et deuxième armées, plus 200.000 hommes, bloquent Metz, principalement sur la rive gauche; une force évaluée à 50.000 hommes serait établie sur la rive droite de la Meuse pour gêner ma marche sur Metz. Des renseignements annoncent que l'armée du Prince royal de Prusse se dirige aujourd'hui sur les Ardennes avec 50.000 hommes; elle serait déjà à Ardeuil. Je suis au Chesne avec un peu plus de 100.000 hommes.

» Depuis le 19, je n'ai aucune nouvelle de Bazaine. Si je me porte à sa rencontre, je serai attaqué de front par une partie des 1re et 2e armées qui, à la faveur des bois, peuvent dérober une force supérieure à la mienne, en même temps coupé par l'armée du Prince royal de Prusse, m'enlevant toute la ligne de retraite. Je me rapproche demain de Mézières, d'où je continuerai ma retraite, selon les événements, vers l'ouest. »

« *Guerre à Empereur, quartier impérial.*

» Paris, 27 août, 11 h. soir.

» Si vous abandonnez Bazaine, la révolution est dans Paris, et vous serez attaqué vous-même par toutes les forces de l'ennemi. Contre le dehors Paris se gardera, les fortifications sont terminées. Ce n'est pas le Prince royal de Prusse qui est à Châlons, mais un des princes frère du roi, avec une avant-garde et des forces considérables de cavaliers.

» Je vous ai télégraphié ce matin deux renseignements qui indiquent que le Prince royal de Prusse, sentant le danger auquel votre marche tournante expose son armée et l'armée qui bloque Bazaine, aurait changé de direction et marcherait vers le nord.

» Vous avez au moins 36 heures d'avance sur lui, peut-être 48 heures.

» Vous n'avez devant vous qu'une partie des forces qui bloquent Metz, et qui, vous voyant vous retirer de Châlons à Reims, s'étaient étendues vers l'Argonne; votre mouvement les avait trompées comme le Prince royal de Prusse.

» Ici tout le monde a senti la nécessité de dégager Bazaine, et l'anxiété avec laquelle on vous suit est extrême. »

« *Guerre à maréchal Mac-Mahon, Sedan, au quartier général.*

» Paris, 28 août 1870, 1 h. 30 soir.

» Au nom du conseil des ministres et du conseil privé, je vous demande de porter secours à Bazaine en profitant des 30 heures d'avance que vous avez sur le Prince royal de Prusse. Je fais porter le corps Vinoy sur Reims. »

« *Au Ministre de la guerre, Paris.*

» Sedan, 31 août 1870, 1 h. 15 matin.

» Mac-Mahon fait savoir au ministre de la guerre qu'il est forcé de se porter sur Mézières. » (1).

On peut se convaincre, d'après ces dépêches, que

---

(1) Les opérations de l'armée de Sedan ont eu une telle influence sur l'armée de Metz que je reproduis ici un article publié dans un journal belge ; il donne une idée de ces tristes événements qui dès lors nous laissaient sans espoir d'être secourus :

« Il est difficile de se rendre compte d'un fait aussi extraordinaire que celui qui vient d'avoir lieu sous les murs de Sedan, où une armée appuyée à une place forte a été obligée de se rendre.

» Après la bataille de Rezonville, le maréchal Bazaine, quoique resté maître du terrain, avait été forcé de se replier sur Metz pour se ravitailler en vivres et en munitions ; mais l'armée prussienne, renforcée par des troupes nombreuses, était revenue vers lui, et, après des combats glorieux pour l'armée française, menaçait de lui couper la retraite.

» Le maréchal de Mac-Mahon, dont l'armée venait de se former au camp de Châlons, résolut alors d'aller au secours du maréchal Bazaine, et quoiqu'il sentît toute la témérité de cette tentative en présence des forces considérables qui marchaient vers Paris sous les ordres du Prince royal, et qui pouvaient le prendre en flanc pendant que celles qui étaient devant Metz devaient en grande partie le combattre de front, il résolut de porter secours à l'armée de Metz et se dirigea donc de Reims et de Réthel sur Stenay.

» Arrivé au Chesne-le-Populeux, il apprit que l'avant-garde du Prince royal avait été aperçue et que déjà ses têtes de colonnes étaient aux prises avec les corps de Douay et de Failly ; aussitôt il ordonna un mouvement de retraite vers Mézières, car, coupé de cette ville, il ne pouvait plus ravitailler son armée. Ce mouvement était déjà commencé, lorsqu'une dépêche venue de Paris pendant la nuit l'obligea à persévérer dans une marche qui allait lui devenir fatale.

» L'armée française continua à avancer ; déjà elle avait en partie passé la Meuse à Mouzon lorsque les corps des généraux de Failly et Douay, qui étaient restés sur la rive gauche, furent vivement attaqués et se retirèrent en désordre après avoir soutenu un combat assez long.

» Le maréchal de Mac-Mahon reconnut alors pour la seconde fois l'extrême difficulté d'arriver à Metz et sentit la nécessité de renoncer à son projet ; il donna aussitôt l'ordre de rétrograder vers Sedan, et, quoique exténuées de fatigues, les troupes marchèrent une partie de la nuit du 30 au 31 août.

» En arrivant près de Sedan, le 12ᵉ corps eut à soutenir un engage-

tous les mouvements de l'armée de Mac-Mahon ont été subordonnés à l'insistance de l'Impératrice et à l'impatience de Paris, qui ont fatalement causé sa perte.

ment où tout l'avantage resta de son côté; mais, pendant ce temps, l'armée prussienne complétait son passage de la Meuse en amont et en aval de Sedan, et commençait à couronner toutes les hauteurs qui dominent la ville. Il n'est pas sans intérêt de dire que Sedan est une place forte dominée par des collines et incapable de résister à la nouvelle artillerie.

» Les approches n'en sont pas défendues par des ouvrages ou des forts avancés, comme à Metz et dans beaucoup d'autres places; d'un autre côté, l'armement était fort incomplet et les approvisionnements en vivres et en munitions fort restreints.

» Le lendemain, 1er septembre, à cinq heures du matin, l'armée française fut attaquée sur la droite et sur la gauche à la fois. La droite de la position était occupée par les corps Ducrot et Lebrun; la gauche, par les corps Wimpfen et Douay.

» Le maréchal de Mac-Mahon monta aussitôt à cheval et se porta sur les fronts d'attaque les plus avancés pour reconnaître les positions; l'Empereur, qu'il avait fait prévenir, était également monté à cheval et sortait de la ville lorsqu'il rencontra le maréchal qu'on ramenait dans un fourgon d'ambulance, blessé à la cuisse gauche d'un éclat d'obus. Le commandement avait été pris par le général Wimpfen comme étant le plus ancien.

» Le combat se soutint énergiquement pendant plusieurs heures; mais vers deux heures de l'après-midi, les troupes furent repoussées et se portèrent jusque dans la ville, dont les rues se trouvèrent bientôt encombrées de chariots, de voitures d'artillerie, d'hommes d'infanterie et de cavalerie, le tout dans la plus grande confusion.

» L'Empereur, se rendant sur le champ de bataille, se porta d'abord vers le corps du général Lebrun, à Balon, où l'action était très vive, et de là vers le centre, encourageant de sa présence les troupes et montrant le plus grand sang-froid au milieu des projectiles qui tombaient autour de lui.

» Après être resté quatre heures sur le champ de bataille et avoir parcouru les points où le danger était le plus fort, il revint en ville et se rendit chez le maréchal de Mac-Mahon.

» Voulant ressortir ensuite, il ne put traverser les rues, tellement elles étaient encombrées, et il fut forcé de rester dans la place. Les obus pleuvaient sur la ville, allumaient plusieurs incendies, frappaient des blessés dans les maisons et semaient la mort dans les rues en tombant sur des masses profondes d'hommes entassés les uns sur les autres. — Le général Guyot de Lespars fut tué, à ce moment, dans une rue.

Un général en chef se trouve dans une situation des plus difficiles lors qu'il est soumis à des exigences qui l'obligent à commettre des fautes pour donner satisfaction à l'opinion publique.

« C'est seulement sous les murs de la capitale, disait

» Forcé de rester dans la ville, l'empereur s'installa à la sous-préfecture, qui se trouvait au centre de cette pluie de feu.

» Plusieurs obus vinrent éclater sur le toit et dans la cour de cette résidence, où arrivèrent bientôt les commandants des différents corps, annonçant que la résistance devenait impossible.

» Les obus prussiens tombaient dans ce flot humain, y portaient la mort à chaque coup, et les murs des remparts de la ville, loin de servir d'abri à cette armée, allaient devenir la cause de sa perte.

» Reconnaissant alors l'impossibilité d'une résistance utile, on fut obligé de demander à parlementer, et un drapeau blanc fut hissé sur le sommet de la forteresse vers 5 heures du soir.

» Dans ce moment, l'armée prussienne, forte de plus de 250.000 hommes, avait resserré son cercle; une artillerie formidable occupait toutes les hauteurs qui dominent la ville, et son infanterie avait pu s'avancer jusque sur les glacis de la place.

» Le roi de Prusse envoya alors un aide de camp à l'Empereur pour demander la reddition de la place et la capitulation de l'armée.

» L'Empereur ne voulut point répondre pour l'armée et laissa ce soin au général Wimpfen, qui en avait le commandement en chef; mais il fit connaître au roi de Prusse qu'il se rendrait à lui de sa personne.

» Dans un conseil de guerre présidé par le général en chef, on reconnut à l'unanimité que l'armée, sans vivres, sans munitions, entassée dans les rues de la ville, déjà en désordre, était dans l'impossibilité de faire aucun mouvement et ne pouvait plus espérer de se frayer un passage de vive force à travers les rangs de l'ennemi. Il devenait par conséquent inutile de prolonger une résistance dont le seul résultat serait de faire massacrer nos soldats, et tout le monde fut contraint d'accepter la capitulation.

» Le général Wimpfen vint faire connaître à l'Empereur le résultat de cette délibération, et lui dit que, seul, il pouvait obtenir de meilleures conditions pour l'armée.

» En effet, le roi avait offert à l'Empereur une entrevue qui eut lieu vers 7 heures, dans un château près Sedan; quoiqu'il fût dit que si les conditions n'étaient pas acceptées à 9 heures, les hostilités recommenceraient, l'entrevue fut retardée jusqu'à ce que les conditions de la capitulation eussent été acceptées par le général Wimpfen. »

Tel est le récit exact de cette catastrophe qui remplit de douleur tout cœur de soldat.

Mac-Mahon, qui avait au plus 80.000 hommes de bonnes troupes, que mon armée, reposée et reconstituée, offrira à l'ennemi une résistance sérieuse. »

Mais ces paroles raisonnables n'étaient pas écoutées à Paris, et, sans tenir compte de l'impossibilité matérielle de percer, avec des forces aussi restreintes, l'armée du Prince royal de Prusse (150.000 hommes), ayant sa droite à Verdun, sa gauche à Bar-le-Duc, et celle du Prince royal de Saxe (100.000 hommes), la gauche à Verdun, la droite à la Belgique, on voulait à tout prix dégager Bazaine enveloppé lui-même par le prince Frédéric-Charles auquel il restait encore 240.000 hommes, et ni Mac-Mahon ni Bazaine n'étaient assez forts pour se réunir en traversant les armées ennemies.

Quant à l'armée du maréchal Bazaine, après ce nouveau désastre, elle demeurait complètement isolée et enfermée autour de Metz, sous la protection des forts, avec des approvisionnements en vivres et en munitions de plus en plus restreints.

Le nombre des combattants dans les journées du 14, du 16, du 18 et du 31, avait été diminué d'au moins 30.000 hommes hors de combat, sans qu'il fût possible de combler ces vides, tandis que l'armée du prince Frédéric-Charles entretenait toujours un effectif de 230 à 240.000 hommes, comme l'indique la dépêche du maréchal de Mac-Mahon, datée du Chesne, 27 août.

Il fallait certainement compter, dans de pareilles conditions, avec un tel adversaire, après avoir laissé échapper le moment favorable.

CHAPITRE III

SOMMAIRE

Situation de l'armée après la bataille de Servigny. —Considérations sur les blocus. — Affaires de Lauvalières. — Peltre. — Colombey. — Mercy-le-Haut. — Vappy. — Sainte-Agathe, — Ladonchamp. — Nouvelle attaque sur Ladonchamp. — Attaque aux Grandes-Tappes. — Engagement à Plappeville. — Les chevaux de la cavalerie sont à peine nourris et livrés à la boucherie pour l'alimentation des habitants et de l'armée. — Opinion du général Changarnier sur les sorties du maréchal Bazaine (*Indépendance belge,* 20 novembre 1870). — Mauvaise installation des troupes. — Les vivres diminuent sensiblement.
Incident Régnier. — A la date du 1er octobre, la position devient de plus en plus critique. — La population s'inquiète. — Protestation adressée au maréchal pour l'éloignement de l'armée, que l'on accuse d'affamer la ville.
Lettre du maréchal Bazaine aux commandants de corps d'armée — Appréciation à Paris de la situation de l'armée de Metz par les membres du gouvernement de la Défense nationale, à la date du 7 octobre.

Situation de l'armée de Metz après la bataille de Servigny.

Après la bataille de Servigny le maréchal n'entreprit plus de tentatives sérieuses ; ce n'était que des combats d'avant-postes ou des opérations avortées, cependant très meurtrières. Cette imprévoyance coupable devait plus tard l'obliger à livrer Metz sans avoir employé, au commencement, tous les moyens humainement possibles pour la défendre jusqu'à la dernière extrémité.

Nous n'avions sur nos armées extérieures que de tristes nouvelles ou des renseignements faux qui nous étaient donnés par les Allemands. On devait prévoir que nous ne pouvions pas compter pour être délivrés sur une armée de secours.

Il fallait donc administrer avec économie, éviter tous les gaspillages, faire la part de chacun et ne rien laisser perdre.

Il fallait songer qu'une armée bloquée, quand elle ne peut plus espérer des secours de l'extérieur, est forcément condamnée à succomber lorsque l'ennemi qui l'entoure peut renforcer ses effectifs, augmenter et renouveler ses combattants en entretenant constamment à jour ses ravitaillements et ses munitions; mais elle doit chercher à retarder le plus possible ce moment douloureux.

Au lieu de ces sorties insignifiantes que faisait Bazaine il aurait dû, ainsi que je l'ai indiqué au chapitre 1er de la 2e période (page 128), établir son armée dans un vaste camp retranché en retirant de Metz tous les hommes valides de l'armée, ne laissant pour garder les forts que les mobiles, les mobilisés, les gardes nationaux, les hommes de bonne volonté, qui étaient nombreux et les organiser militairement.

On augmentait ainsi le nombre des combattants à l'extérieur de la place pour faire des sorties réellement utiles.

Toutes ces opérations devaient avoir lieu sur la rive droite de la Moselle, afin d'attaquer, d'occuper et de fortifier avec d'importants ouvrages en terre les points culminants de Malroy, de Sainte-Barbe et de Mercy-le-Haut. (Voir la carte.)

Ces points importants formaient avec la place, ce vaste quadrilatère qui encadrait notre camp — retranché — dans lequel nous pouvions nous installer et nous mouvoir à l'aise, en évitant aussi les maladies et épidémies qui sont toujours la conséquence des grandes agglomérations de troupe; de plus, nous augmentions nos moyens d'existence en enlevant aux Allemands des approvisionnements considérables en fourrages et en bétail accaparés par eux.

Cette installation de l'armée de Metz augmentait nos ressources en vivres; conservait la santé des troupes; concentrait l'armée en ne laissant sur la rive gauche que les forces nécessaires pour couvrir Metz, protégé déjà de ce côté par le mont Saint-Quentin, point culminant qui domine la vallée de la Moselle sur ses deux rives, et favorisait la défense du côté de l'ouest.

C'était donc autour de Metz quatre points dont il fallait se préoccuper pour prolonger la lutte avec avantage : le mont Saint-Quentin sur la rive gauche, et, sur la rive droite, les points dominants de Mercy-le-Haut, de Sainte-Barbe et de Malroy, qui avaient une importance réelle.

L'occupation solide de ces points obligeait aussi les Allemands à nous céder les villages intermédiaires et à élargir leur cercle d'investissement, qui, devenant plus mince, eût été plus facile à percer.

La question des blocus est une des plus importantes dont on doive se préoccuper à la guerre.

Pour l'assaillant qui peut disposer de forces sérieuses, comme les Allemands en 1870, elle a des résultats considérables en masquant et en enfermant une armée qui pourrait inquiéter constamment ses flancs et menacer sa ligne de retraite. Il faut donc à tout prix éviter de se faire acculer ou bloquer et conserver toujours autour de soi tout l'espace nécessaire pour manœuvrer, car il arrive un moment cruel où il devient impossible de rompre ce cercle de fer gardé par un ennemi qui peut se renforcer chaque jour et se ravitailler à l'aise, si on ne parvient pas à l'inquiéter au dehors.

Metz et Paris étaient condamnés à succomber, mais la défaite est honorable quand on a prolongé la résistance en usant de toutes les ressources dont on peut disposer et en déployant toute l'énergie humaine.

Le blocus est, pour l'armée enfermée, la situation la plus pénible que le cœur de l'homme puisse imaginer. C'est la fin prévue du condamné à mort qui sait ses jours comptés; aussi doit-on chercher à prolonger cette existence le plus longtemps possible. Mais pour vivre ainsi, il faut se débattre, — il faut établir des points d'appui pour s'étendre, — faire le plus de mal qu'on peut à l'ennemi et l'épuiser en le harcelant chaque jour, chaque nuit, sur différents points, par des attaques imprévues qui l'obligent à être constamment sur pied et à épuiser ses forces.

Il faut choisir ces points d'appui avec discernement et, quand ils ont été bien arrêtés, s'y maintenir à tout prix, les fortifier et ne plus les lâcher.

A Metz, les points à occuper étaient ceux que j'ai indiqués ci-dessus; à Paris, c'était Saint-Germain, qui domine la vallée de la Seine et dont on ne s'est pas préoccupé. Il fallait, sur ce point, diriger tous les efforts et le roi Guillaume n'aurait pas audacieusement installé son quartier général à Versailles, qui serait resté forcément en notre pouvoir.

Par l'occupation de Saint-Germain, nous gagnions les hauteurs de Saint-Cyr et nous pouvions relier facilement le Mont-Valérien aux points culminants du Haut-Marly, de Saint-Germain et de Saint-Cyr. C'est sur ces points que devaient se diriger tous nos efforts et c'est par là que devaient nous arriver les armées de secours.

L'armée du Nord avec Faidherbe et l'armée de la Loire avec Chanzy pouvaient se donner rendez-vous entre Saint-Denis et Saint-Cyr et venir ainsi dégager Paris.

Quant au mouvement de l'armée de l'Est avec Bourbaki, il a été trop tardif; il aurait dû être entrepris beaucoup plus tôt pour menacer la ligne de retraite des Allemands, pendant que les armées de Chanzy et de Faidherbe prenaient pour objectif Paris.

Il ne faut pas perdre de vue que l'armée qui a rompu son cercle d'investissement, en supposant qu'elle y parvienne sans secours extérieur, si elle veut s'éloigner rapidement se trouve privée d'appui et marche ainsi à l'aventure.

Elle ne peut emporter avec elle que quelques jours de vivres, pas de bagages, est obligée même de réduire ses ambulances et si cette armée veut se retourner pour attaquer vigoureusement l'ennemi qui la poursuit, elle se trouve bientôt sans ressource et livrée à elle-même.

Si au contraire elle marche lentement et opère méthodiquement, en faisant sortir de la place tout ce qui peut lui être utile, elle pousse devant elle tous ses impedimenta, et perd un temps précieux dont profite l'ennemi pour se reformer, la combattre, l'envelopper de nouveau et l'obliger à capituler en rase campagne.

Une place de guerre investie doit tenir bon jusqu'au dernier moment, user de tous les moyens en son pouvoir pour fatiguer, harceler l'ennemi, l'obliger à étendre son cercle d'investissement, mais surtout vivre avec économie afin de prolonger le plus possible la résistance; et quand il ne reste plus rien à se mettre sous la dent, quand tous les chevaux ont été mangés, quand la dernière cartouche a été brûlée, on détruit les drapeaux, les étendards, les armes, les canons, et on se présente à l'ennemi la tête haute, à l'exemple de Barbanègre à Huningue, défense héroïque, immortalisée par un des plus beaux tableaux de Detaille, ou comme Denfert à Belfort.

A Sébastopol l'armée russe, qui n'était cependant pas investie, a fini par succomber après plus d'un an de lutte acharnée de part et d'autre, et dans la place nous n'avons trouvé que des ruines.

Une place de guerre ne peut pas résister indéfiniment à l'attaque persévérante d'un adversaire qui se ravitaille, se renforce et au besoin se renouvelle, mais elle doit se défendre jusqu'à la mort.

Cette digression sur les blocus en général m'a éloigné de mon sujet; elle était néanmoins dans le programme que je me suis tracé, — puisque j'ai cherché à tirer de ces tristes événements des enseignements utiles, — et je reviens sous les murs de Metz.

Le maréchal, au lieu d'arrêter un plan d'ensemble précis dont il ne devait pas s'écarter, n'engagea plus que des affaires partielles qui ne se reliaient pas entre elles et qui semblaient faites seulement pour occuper les troupes.

Le 22 septembre, à Lauvalières, après un combat qui dura quelques heures, le 3ᵉ corps fit un fourrage insignifiant.

Le 27 eut lieu une attaque combinée sur Mercy-le-Haut, Peltre et Colombey par le 3ᵉ corps, en même temps que le 6ᵉ corps enlevait les bois de Wappy, la ferme de Sainte-Agathe et le plateau de Ladonchamps.

Tous ces villages, bien approvisionnés, renfermaient des ressources, mais le peu d'importance donné à ces attaques rendit les ravitaillements insignifiants. Les Prussiens y mirent le feu en se retirant.

Le 2 octobre, nouvelle attaque sur Ladonchamps; le colonel Gibon s'y maintint avec son régiment et fit prisonnier tout ce qui s'y trouvait.

Le 7 octobre, attaque aux Grandes-Tappes par le 6ᵉ corps et la garde; nos pertes furent considérables.

Le 13, nouvel engagement à Plappeville; les troupes de la division Lorencez s'emparèrent du chalet de la sapinière de Lessy, s'installèrent à Lessy et s'y fortifièrent.

Toutes ces sorties sans résultats importants, malgré un assez grand nombre de tués ou de blessés, maintenaient toujours l'armée dans la mauvaise position qu'elle occupait sous les murs de Metz.

Au 25 septembre, la cavalerie n'avait déjà plus de chevaux capables de supporter les fatigues; il en restait encore tout au plus 150 par régiment, car, depuis la fin d'août, on en prenait tous les jours pour l'alimentation de la troupe et des habitants.

Les bivouacs de cavalerie présentaient le plus triste spectacle que l'on puisse imaginer : un grand nombre de ces malheureux chevaux, devenus étiques, couverts de plaies, ayant les crins rongés, complètement épuisés, tombaient morts dans la boue.

Ceux qui résistaient vivaient de racines et de feuilles, car ils touchaient à peine par jour 2 à 3 kilos de rations régulières en grain mélangé et en fourrages, après avoir reçu au mois d'août 6 à 7 kilos d'avoine qu'ils gaspillaient.

Ces pauvres animaux étaient tellement affaiblis que beaucoup s'affaissaient sous le poids de la selle (1).

Si, au lieu de ce bivouac permanent, qui épuisait hommes et chevaux, on avait cantonné, ce qui eût été facile en nous établissant ainsi que je l'ai indiqué, on aurait pu conserver bien plus longtemps la cavalerie.

Nous éprouvâmes une profonde tristesse en voyant périr aussi misérablement tous ces bons animaux, qui étaient devenus nos compagnons d'infortune et auxquels quelques-uns d'entre nous avaient dû certainement la vie à Rezonville.

Pendant la première quinzaine de septembre, des pluies continuelles mettaient les bivouacs dans de

---

(1) On a reproché au maréchal d'avoir fait distribuer des blés en gerbes pour l'alimentation des chevaux. C'était généralement des blés avariés, et on en donnait tout au plus, par cheval, 2 à 3 kilos sans autre nourriture.

très mauvaises conditions de salubrité ; mais l'armée souffrait surtout moralement de ce *statu quo*, et plus le temps s'avançait, plus la situation devenait inquiétante.

Je reproduis ci-dessous l'appréciation du général Changarnier sur les sorties du maréchal Bazaine, parce qu'elle donne une très juste idée de ce qui existait ; elle est extraite de l'*Indépendance belge* du 20 novembre 1870 :

« ... Regardez les sorties de Bazaine, dit-il ; il n'a jamais fait un effort sérieux pour se dégager, jamais.

» Chaque sortie n'était qu'un simulacre ; c'était pour sauver les apparences et pour rien autre.

» Il y avait encore 4 officiers supérieurs qui, avec Bazaine, opinaient pour l'inaction. J'ai vu toutes les manœuvres militaires ; ce n'était que des simulacres.

» Bazaine et ses amis n'ont pas agi en soldats. Ils n'avaient en vue que leur avenir personnel. Les sorties ont toujours été faites avec des forces restreintes et évidemment sans idée arrêtée de les faire réussir, bien qu'elles fussent fièrement exécutées, comme l'histoire le dira à l'honneur des soldats français.

» Les combats étaient de pures manifestations d'héroïsme, mais en même temps des massacres inutiles..... »

Le général Changarnier ajoute encore :

» ..... Après que Bazaine a été poussé dans Metz le 19 août, il aurait pu s'esquiver ou sortir crânement avec toute son armée pendant les derniers 13 jours d'août, pendant les 30 jours de septembre et la première quinzaine d'octobre.

» Cela est d'une certitude absolue : il a eu cinquante-huit jours pour faire sa sortie avec les soldats les plus braves et les plus expérimentés.

» Pourquoi Bazaine n'aurait-il pas pu sortir avec de pareils soldats, avec une bonne artillerie, une bonne cavalerie, la meilleure infanterie du monde, des approvisionnements suffisants ?

» Je vous l'ai dit, Bazaine est un égoïste ; il voulait être un héros, et en pensant à la paix qui allait se faire, il se disait : « Le monde dira que j'ai tenu à Metz » alors que la France livrait ses forteresses les unes » après les autres entre les mains de ses ennemis. »

» Après cela, dans les derniers 15 jours de l'investissement de Metz, toute tentative d'échapper ou de faire une attaque était devenue impossible..... »

Je ne partage pas cependant complètement l'opinion de l'illustre général sur les dates qu'il fixe pour les sorties et sur les résultats qu'aurait pu obtenir la trouée elle-même.

J'ai indiqué au commencement de ce chapitre la situation faite en général aux armées bloquées quand fatalement elles se sont laissé enfermer ; j'ai émis mon avis sur le parti à prendre à Metz, et j'en fais juges mes camarades de l'armée qui ont assisté comme moi à ces lugubres moments.

Pendant la 2ᵉ quinzaine de septembre notre cavalerie était déjà tellement réduite et affaiblie, les chevaux d'artillerie si épuisés, la ration tant diminuée, qu'il eût été impossible d'entreprendre un mouvement audacieux.

Il n'y avait plus dès lors qu'à faire une guerre d'escarmouches pour chercher à se ravitailler, inquiéter les Allemands sur tous les points, les harceler sans cesse, essayer d'élargir notre cercle, ce qui aurait dû être tenté depuis longtemps, *mais surtout administrer avec économie en conservant soigneusement toutes les ressources, en diminuant encore la ration si cela était possible, afin de prolonger la résistance jusqu'à l'extrême limite.*

Incident Régnier.

Le maréchal Bazaine commençait à s'apercevoir qu'à la suite des résultats insignifiants de ses opérations entreprises trop légèrement, l'armée allait bientôt se trouver dans une cruelle position, et toutes les probabilités paraissant aussi lui être contraires, il devait prévoir une catastrophe ou compter pour se relever sur un heureux hasard, lorsqu'une circonstance imprévue vint lui apporter un peu d'espoir.

Un certain monsieur Regnier, voulant essayer de restaurer l'Empire ou la régence, s'était mis en relations avec l'Impératrice et avait cherché à obtenir son consentement aux démarches qu'il devait entreprendre dans ce but.

L'Impératrice, après avoir été abandonnée par les Chambres dans un moment où elle aurait pu compter sur leur appui, prévoyant bien que toute intervention de sa part amènerait des complications qui gêneraient la défense et occasionneraient probablement la guerre civile, refusa énergiquement de s'associer à aucune manifestation faite dans ce sens.

M. Regnier, tenace, entreprenant, et ne tenant pas compte de ce refus, demanda au Prince impérial une photographie d'Hastings avec quelques lignes de son écriture qui devait lui servir d'introduction près de l'Empereur, à Wilhemshœhe, mais auparavant il eut l'idée de voir M de Bismark, pour lui faire part de son projet.

Il fut fort bien reçu par le ministre du roi Guillaume, très embarrassé de sortir de l'impasse vers laquelle l'avait conduit la chute de l'Empire, qui n'avait pas été remplacé par un gouvernement régulièrement reconnu par le pays et avec lequel la Prusse pût entamer des négociations.

Les deux places de Strasbourg et de Metz devenaient surtout, pour M. de Bismarck, d'une très grande importance, car leur abandon devait justifier ses prétentions sur la Lorraine et l'Alsace. Et ne prévoyant pas qu'au milieu d'une révolution la défense pût s'organiser sérieusement, il pensait que la reddition de ces deux places mettrait un terme à la guerre.

Le ministre prussien accepta donc avec empressement les offres de M. Regnier, qui lui proposa une convention pour l'armée de Metz, par laquelle cette armée pourrait sortir avec drapeaux, armes et bagages et être transportée dans l'intérieur en promettant de ne plus servir contre la Prusse pendant la campagne; son rôle devait être de maintenir l'ordre et de protéger la réunion des anciennes Chambres que l'on voulait de nouveau convoquer; c'était proposer une infamie pour l'armée de Metz.

Vers le 25 septembre, M. Regnier, muni d'un sauf-conduit de M. de Bismarck, vint à Metz avec ses pouvoirs, se présenta chez le maréchal Bazaine, lui fit part de ses projets et l'engagea à se joindre à lui pour insister près de l'Impératrice.

Le général Bourbaki que ses sympathies rattachaient particulièrement à la famille impériale, se chargea de cette délicate mission, mais à peine eut-il quitté Metz qu'il comprit la gravité de cette démarche et l'importance qu'elle pouvait peut-être exercer dans l'avenir sur le sort de l'armée.

Nullement convaincu du bon résultat qu'il devait obtenir, il ne parvint pas à modifier les idées bien arrêtées de l'Impératrice; mécontent surtout d'avoir quitté son poste devant l'ennemi, il fit demander par l'ambassadeur d'Angleterre au roi de Prusse l'autorisation de le rejoindre.

Le maréchal Bazaine, ne voyant pas revenir le général Bourbaki, refusa les propositions de M. Regnier.

Néanmoins cette idée ne fut pas complètement écartée par le maréchal.

A la date du 1er octobre, la situation devenait de plus en plus critique : nos régiments de cavalerie étaient réduits à 80 chevaux, au plus, chétifs et malingres; — les malades et les blessés encombraient les ambulances, qui manquaient déjà de médicaments; — le moral se soutenait, mais on commençait néanmoins à se préoccuper sérieusement de l'avenir.

Les cavaliers démontés reçurent des fusils d'infanterie; la division de dragons du général de Clérembault envoya 8 escadrons à pied au fort des Bordes pour servir les pièces et prendre complètement la défense de cet ouvrage avancé.

La population s'inquiétait; les hommes du parti avancé accusaient le maréchal Bazaine d'affamer la ville en conservant autour d'elle cette armée, qu'ils trouvaient maintenant inutile parce que les forts étaient prêts et approvisionnés.

Ils prétendaient que la place pouvait se défendre seule, et une protestation signée par quelques habitants fut adressée au maréchal pour demander l'éloignement des troupes qu'il commandait.

Cette démarche n'était pas trop d'accord avec le langage du général Coffinières dans sa proclamation du 13 septembre, contresignée par le maire et le préfet :

« ..... L'armée qui est sous nos murs ne nous quittera pas, elle restera avec nous pour résister aux ennemis qui nous entourent. »

Lettre du maréchal Bazaine aux commandants des corps.

Le maréchal, s'apercevant que les circonstances devenaient graves, comprit combien était grande la responsabilité qu'il assumait. Sachant que la mission de M. Jules Favre n'avait pas réussi et que la Constituante ne serait pas convoquée, il écrivit le 7 octobre aux commandants des corps d'armée et aux chefs des armes spéciales, la lettre suivante :

« Ban-Saint-Martin, 7 octobre 1870.

» Le moment approche où l'armée du Rhin se trouvera dans la situation la plus difficile peut-être qu'ait jamais dû subir une armée française.

» Les graves événements militaires et politiques qui se sont accomplis loin de nous et dont nous ressentons le douloureux contre-coup, n'ont ébranlé ni notre force morale, ni notre valeur comme armée ; mais vous n'ignorez pas que des complications d'un autre ordre s'ajoutent journellement à celles que créent pour nous les faits extérieurs

» Les vivres commencent à manquer et, dans un délai qui ne sera que trop court, ils nous feront absolument défaut. L'alimentation de nos chevaux de cavalerie et de trait est devenue un problème que chaque jour qui s'écoule rend de plus en plus insoluble ; nos chevaux vont dépérir et disparaître.

» Dans ces graves circonstances, je vous ai appelés pour vous exposer la situation et vous faire part de mon sentiment. Le devoir d'un général en chef est de ne rien laisser ignorer en pareille occurrence aux commandants des corps d'armée placés sous ses ordres et de s'éclairer de leurs avis et de leurs conseils.

» Placés plus immédiatement en contact avec les troupes, vous savez certainement ce que l'on peut attendre d'elles, ce que l'on doit en espérer.

» Aussi, avant de prendre un parti décisif, ai-je voulu vous adresser cette dépêche pour vous demander de me faire connaître, par écrit, après un examen très mûri et très approfondi de la situation et après en avoir conféré avec vos généraux de division, votre opinion personnelle et votre appréciation motivée.

» Dès que j'aurai pris connaissance de ces documents dont l'importance ne vous échappera pas, je vous appellerai de nouveau dans un conseil suprême, d'où sortira la solution définitive de la situation de l'armée dont Sa Majesté l'Empereur m'a confié le commandement.

» Je vous prie de me faire parvenir dans les quarante-huit heures l'opinion que j'ai l'honneur de vous demander et de m'accuser réception de la présente dépêche. »

A cette même date, 7 octobre, le *Journal Officiel* de Paris disait : « La position de Bazaine est toujours excellente. »

(Article signé par tous les membres de la Défense nationale.)

CHAPITRE IV

SOMMAIRE

Conseil de guerre assemblé le 10 octobre sous la présidence du maréchal Bazaine. — Le maréchal ouvre la séance en donnant lecture de quelques-uns des rapports faits par les commandants des corps d'armée et par les chefs des armes spéciales. — Déclaration du conseil. Il est arrêté que le général Boyer sera envoyé au quartier royal à Versailles, pour connaître les intentions du roi de Prusse au sujet d'une convention militaire. — Le général Coffinières est seul opposé à cette mesure. — Extrait du procès-verbal concernant la décision prise par le conseil de guerre.
La ville et les camps. — Nouvelles de prétendues victoires remportées par les armées de l'intérieur. — Communiqué adressé par le maréchal Bazaine aux journaux de Metz. — La population et l'armée sont néanmoins disposées à tous les sacrifices pour prolonger la résistance. — État physique et moral des troupes. — Patriotique résignation. — Généreux dévouement des femmes de toutes les classes de la société.

Conseil de guerre assemblé le 10 octobre sous la présidence du maréchal Bazaine.

Le 10 octobre, un conseil de guerre présidé par le maréchal Bazaine et auquel assistèrent les maréchaux Canrobert et Le Bœuf, les généraux Frossard, Ladmirault, Desvaux, Coffinières, Soleille et l'intendant en chef Le Brun, fut réuni au grand quartier général.

Le maréchal Bazaine ouvrit la séance en donnant lecture de quelques-uns des rapports faits par les commandants de corps d'armée et par les chefs des armes spéciales.

Au point de vue militaire, le conseil déclara que l'armée ne pouvait plus tenir la campagne et qu'une lutte suprême amènerait probablement un désastre analogue à celui de Sedan.

Il fut alors décidé que le général Boyer, aide de camp du maréchal Bazaine, serait envoyé au grand quartier royal à Versailles, pour tâcher de connaître la situation réelle de la France, les intentions des autorités prussiennes au sujet d'une convention militaire, et les concessions que l'on pouvait en attendre.

Le maréchal Bazaine se mettait ainsi à la merci du roi de Prusse et de son ministre qui avaient intérêt à le tromper sur la situation de la France, afin d'en finir le plus tôt possible avec Metz pour disposer des troupes du prince Frédéric-Charles contre les nouvelles armées qui se formaient sur la Loire, en Bretagne et dans le Nord.

Le général Coffinières fut seul, dans le conseil, opposé à cette mesure.

« A la suite de quelques considérations politiques, écrit-il dans une brochure publiée après la capitulation, je fis observer : que le gouvernement de la Défense nationale devait convoquer une Constituante, et qu'il fallait attendre cette nouvelle manifestation de la volonté du Pays ; — que si l'Empire conservait ses adhérents, il serait acclamé de nouveau, — mais que le plus mauvais service que l'on pourrait lui rendre serait de le restaurer par des baïonnettes françaises et prussiennes ; — que l'on ne pouvait pas considérer comme non avenus la captivité de l'Empereur et le départ de l'Impératrice ; — qu'il me semblait étrange que le roi de Prusse ne voulût traiter qu'avec la régence, parce que, dans ses premières proclamations, il disait qu'il ne faisait la guerre qu'à l'Empire;—qu'enfin il n'était pas admissible que les Prussiens nous laissassent rentrer en France pour rétablir l'ordre, — et que ces ouvertures n'étaient qu'un leurre pour nous faire arriver à l'épuisement de nos faibles ressources. »

L'extrait du procès-verbal concernant la décision prise par le conseil était ainsi conçu :

« ..... Après avoir rappelé les principaux traits de la situation, le maréchal Bazaine a ajouté que, malgré toutes les tentatives faites pour se mettre en communication avec la capitale, il ne lui était jamais parvenu aucune nouvelle officielle du gouvernement ; qu'aucun indice d'une armée française opérant pour faire une diversion utile à l'armée du Rhin ne lui avait été signalé.

» De l'examen de nos ressources alimentaires de toute sorte, il résultait : qu'en faisant tous les efforts imaginables, en fusionnant les ressources de la ville avec celles de la place et de l'armée, en réduisant la ration journalière de pain à 150 grammes, en rationnant les habitants, en consommant les réserves des forts et en réduisant le blutage des farines au taux le plus bas sans compromettre la santé des hommes, il était possible de vivre jusqu'au 20 octobre inclus, y compris les deux jours de biscuit existant dans les sacs des hommes (1).

» Tous les chevaux devant servir à l'alimentation étaient considérés comme sacrifiés, vu l'impossibilité

---

(1) La ration, portée d'abord à 150 grammes, fut réduite quelques jours après à 50 grammes.

de les nourrir autrement que par un pacage presque illusoire, et la mortalité faisant chaque jour chez ces animaux des progrès effrayants.

» Il fut déclaré ensuite que l'état sanitaire était gravement compromis dans la place, tant par l'accumulation de 20.000 blessés ou malades que par le manque de médicaments, de moyens de couchage, de locaux et d'abris, et par l'insuffisance du nombre des médecins.

» Les rapports du médecin en chef constataient que le typhus, la variole, la dysenterie et le cortège des maladies épidémiques commençaient à envahir les établissements hospitaliers et à se répandre dans la ville.

» L'affaiblissement causé par la mauvaise alimentatation à laquelle on était réduit ne pouvait qu'augmenter ces causes morbides.

» On constata que les ambulances et les hôpitaux étaient encombrés; que près de 2.000 malades ou blessés étaient encore recueillis chez les habitants, et la conclusion fut que si un nombre considérable de blessés devait de nouveau être dirigé sur la place, il y aurait d'abord impossibilité de les installer, mais surtout danger immédiat pour la santé publique.

» Cet exposé de la situation de nos ressources et de l'état sanitaire étant connu de tous les membres du conseil de guerre, on passa à l'examen de la situation militaire.

» Après lecture faite au conseil des rapports des commandants des corps d'armée et de la place de Metz, la situation militaire se résume dans les questions suivantes :

» 1° L'armée doit-elle tenir sous les murs de Metz jusqu'à l'entier épuisement de ses ressources alimentaires ?

» 2° Doit-on continuer à faire des opérations autour de la place pour essayer de se procurer des vivres et des fourrages?

» 3° Peut-on entrer en pourparlers avec l'ennemi pour traiter d'une convention militaire ?

» 4° Doit-on tenter le sort des armes et chercher à percer les lignes ennemies ?

» La première question est résolue affirmativement à l'unanimité, par cette raison que la présence de l'armée sous les murs de Metz y retient en les immobilisant 240.000 ennemis, et que, dans les conditions où elle se trouve, le plus grand service que l'armée du Rhin puisse rendre au pays, c'est de gagner du temps et de lui permettre d'organiser la résistance dans l'intérieur.

» La deuxième question est résolue négativement à l'unanimité, en raison du peu de probabilités qu'il y a de trouver des rations suffisantes pour vivre quelques jours de plus, à cause des pertes que ces opérations occasionneraient et de l'effet dissolvant que leur insuccès pourrait avoir sur le moral de la troupe.

» La troisième question est résolue affirmativement à l'unanimité, à la condition toutefois d'entamer les ouvertures dans un délai qui ne dépassera pas quarante-huit heures, afin de ne pas permettre à l'ennemi de retarder le moment de la conclusion de la convention jusqu'au jour et peut-être au delà du jour de l'épuisement de nos ressources.

» Tous les membres du conseil de guerre déclarent énergiquement que les clauses de la convention devront être honorables pour nos armes et pour nous-mêmes.

» La quatrième question en amène une cinquième. M. le général Coffinières de Nordeck demande s'il ne serait pas préférable de tenter le sort des armes avant d'entamer les négociations, le succès de cette tentative pouvant rendre les pourparlers inutiles, où bien le résultat de nos efforts devant peser dans la balance, en raison des pertes que nous aurions fait subir à l'ennemi.

» Cette question est écartée par la majorité, et il est décidé à l'unanimité que si les conditions de l'ennemi portent atteinte à l'honneur militaire, on essaiera de se frayer un chemin par la force avant d'être épuisé par la famine et tandis qu'il reste la possibilité d'atteler encore quelques batteries.

» Il est donc convenu et arrêté :

» 1° Que l'on tiendra sous Metz le plus longtemps possible ;

» 2° Que l'on ne fera pas d'opérations autour de la place, le but à atteindre étant plus qu'improbable ;

» 3° Que des pourparlers seront engagés avec l'ennemi dans un délai qui ne dépassera pas 48 heures, afin de conclure une convention militaire acceptable et honorable pour tous ;

» 4° Que dans le cas où l'ennemi voudrait imposer des conditions incompatibles avec notre honneur et le sentiment du devoir militaire, on tentera de se frayer un passage les armes à la main.

» Suivent les signatures :

» Maréchal Canrobert, commandant le 6ᵉ corps;

» Général Frossard, commandant le 2ᵉ corps;

» Maréchal Le Bœuf, commandant le 3ᵉ corps;

» Général de Ladmirault, commandant le 4ᵉ corps :

» Général Desvaux, commandant provisoirement la garde impériale;

» Général Soleille commandant l'artillerie de l'armée;

» Général Coffinières de Nordeck, commandant supérieur de Metz;

» Intendant Lebrun, intendant en chef de l'armée;

» Maréchal Bazaine, commandant en chef de l'armée du Rhin. »

La 4ᵉ clause de ce procès-verbal devenait bien tardive; il eût été plus efficace de la mettre à exécution quand il en était encore temps et lorsque les troupes pouvaient tenter une attaque vigoureuse avec quelque chance de succès.

La ville et les camps.

La journée du 11 octobre fut très agitée à Metz, et pendant que le bruit de négociations commençait à se répandre, on faisait circuler en ville une dépêche manuscrite annonçant trois victoires sous Paris, 180.000 prisonniers, la retraite de l'armée prussienne et la reprise de Lunéville par les franc-tireurs des Vosges.

Tandis qu'une députation des officiers de la garde nationale se présentait chez le général Coffinières pour lui demander la confirmation de ces nouvelles, un d'entre eux arracha l'aigle du drapeau de l'hôtel de ville et le jeta sur la place.

A cette époque, le temps était depuis 15 jours constamment pluvieux; officiers et soldats demeuraient littéralement dans l'eau et la boue, et ne possédaient plus que de mauvais vêtements, impossibles à remplacer ; ils étaient aussi mal abrités sous de petites tentes à moitié pourries par l'humidité.

J'avais été nommé chef d'escadrons après Rezonville et je commandais, au fort des Bordes, deux escadrons de la division des dragons à pied ; je fis creuser à mes hommes des huttes en terre, dans lesquelles ils construisirent des cheminées pour cuire leurs aliments et sécher leurs effets constamment mouillés.

Les officiers et la troupe ne touchaient plus ni café, ni sel, ni riz, ni eau-de-vie ; 50 grammes de pain de son seulement et de la viande de cheval tellement maigre qu'il était très difficile d'en faire de la soupe.

Les officiers ne quittaient pas leurs hommes, vivaient comme eux, partageaient toutes leurs privations ; aussi s'établit-il entre tous une touchante intimité qui laisse encore au cœur un bien consolant souvenir de ces tristes moments.

Et c'étaient là les soldats que des écrivains ont osé calomnier en leur prêtant tous les vices, et en comparant l'armée de Metz à une bande de vauriens indisciplinés.

Quelques officiers avaient à l'aide de soins constants conservé les chevaux qui leur appartenaient ; ces malheureux animaux ne vivaient que d'écorces d'arbres et de racines; on leur donna même des débris de viande de cheval, qu'ils mangèrent. Il n'existait plus ni grains ni fourrages.

Néanmoins le moral de la troupe restait parfait; la nouvelle de ces prétendues victoires, remportées sous Paris, produisit parmi tous ces pauvres diables une joie immense, qui devait être de courte durée.

En apprenant la réalité, les réunissant autour de moi, je leur dis :

« Quoique depuis hier il circule à Metz, en faveur de nos armes, d'excellentes nouvelles qui ont semblé se confirmer aujourd'hui, je n'ai pas voulu vous les annoncer avant qu'elles fussent tout à fait certaines.

» Nous devons voir notre position comme elle existe réellement, avec calme et sans exagération..

» L'armée a soutenu sous les murs de Metz de glorieuses luttes dans lesquelles toutes les armes ont combattu avec une indomptable énergie et une grande valeur.

» Mais il nous reste encore bien des difficultés à vaincre.

» Enveloppés par des forces considérables, nous sommes maintenant réduits à une pénible inaction; cependant si l'ennemi repoussé bat en retraite, nous tomberons sur ses flancs et ses derrières et nous contribuerons à faire prisonnière cette immense armée de près d'un million de combattants qui a envahi notre territoire.

» Metz est la meilleure place de notre frontière : nous devons la conserver à tout prix.

» Officiers et soldats nous endurerons ensemble avec

résignation et persévérance toutes les misères, toutes les privations, car c'est dans ces circonstances suprêmes que nous prouverons réellement notre dévouement à la patrie ! »

J'ai retracé ici les dispositions physiques et morales des escadrons que j'avais sous mes ordres parce qu'elles donnent une idée réelle de l'état général de l'armée, qui se trouvait alors dans les mêmes conditions de dénûment.

Le 12 octobre, le maréchal Bazaine adressait à un journal de Metz le communiqué suivant : « Le maréchal commandant en chef l'armée du Rhin, n'ayant reçu aucune nouvelle affirmant les heureux faits de guerre qui se sont passés à Paris, se borne à en souhaiter la réalisation, et assure les habitants de Metz que rien ne leur est caché ; qu'ils aient donc confiance dans sa loyauté.

» Du reste, jusqu'à ce jour le maréchal a toujours communiqué à l'autorité militaire de Metz les journaux français ou allemands tombés entre nos mains.

» Il profite de cette occasion pour assurer que depuis le blocus il n'a jamais reçu la moindre communication du gouvernement, malgré toutes les tentatives faites pour établir des relations.

» Quoi qu'il advienne, une seule pensée doit en ce moment absorber tous les esprits, c'est la défense du pays ; un seul cri doit partir de toutes les poitrines :

» Vive la France ! »

Malgré un certain nombre d'agitateurs et les souffrances qui existaient réellement, la population et l'armée étaient prêtes à tous les sacrifices pour prolonger la résistance (1).

---

(1) Dans les numéros des 15 et 16 novembre, tous les journaux de Metz reproduisirent le passage suivant extrait d'une lettre que j'écrivais à un de mes amis :

» Sous les murs de Metz, 14 octobre.

» ....

.... L'armée de Metz, qui a toujours vaillamment combattu, sait aussi endurer la misère et n'attend qu'une occasion favorable pour sortir de l'inaction dans laquelle l'a plongée ce blocus.

» Les cavaliers démontés, devenus de solides fantassins, servent aux avant-postes des pièces de siège ; et remettant le sabre au fourreau ils ont pris gaiement le chassepot, pour être encore utiles et rivaliser avec leurs vaillants camarades de l'infanterie.

» Soldats et citoyens, nous voulons tous chasser l'ennemi audacieux qui a envahi notre territoire.

» Nous voulons rester dignes de nos pères ou de nos aïeux, et nous trouvons que nous n'avons pas encore assez fait pour cela.

» Le cœur soutiendra le corps que les privations auront affaibli, et nous resterons debout jusqu'au dernier moment en préférant la mort plutôt que la honte et l'humiliation.

» Et vous, mes chers compatriotes, habitants d'une fière cité que l'étranger n'a jamais profanée, je sais que vous pensez comme nous.

» Vos nobles et généreuses compagnes, qui ont si courageusement prouvé leur dévouement à l'armée et à la France, ont foulé aux pieds tous leurs intérêts personnels pour venir, en pieuses sœurs de charité, apporter des consolations aux blessés et ranimer les mourants par leurs soins assidus. Ces vaillantes femmes endureront avec nous toutes les souffrances.

» Metz, cette ville qui a donné naissance à tant de grands caractères, voudra par sa persévérance avoir l'honneur de sauver la Patrie !

» Elle montrera que rien ne peut l'émouvoir et, comme ses dignes sœurs : Strasbourg, Toul, Verdun, Montmédy, Thionville, elle luttera avec toute l'énergie du désespoir, en préférant devenir un monceau de ruines plutôt que de parer le domaine de l'étranger.

» Courage donc, et patience !
» A bas toutes les mesquines considérations !
» A bas toutes les querelles intestines !
» Que tous les partis, oubliant leurs vieilles rancunes, s'unissent pour la cause commune, et proférons tous ensemble le seul cri à présent national :
» Vive la France ! »

Le premier magistrat municipal de Metz fut chargé de déclarer ce qui suit au général commandant la place, prié lui-même de transmettre ces fermes paroles au maréchal Bazaine :

» Monsieur le Général,

» La démarche faite près de nous par les officiers de la garde nationale a été inspirée par leur sérieuse résolution de s'associer énergiquement à la défense de la ville.

» La garnison, à qui appartient cette défense, peut compter sur l'ardent concours d'une population incapable de faiblesse, quoi qu'il arrive.

» Les communs efforts de l'une et de l'autre garderont, jusqu'aux dernières extrémités, à la France sa principale forteresse et aux Messins une nationalité à laquelle ils tiennent comme à leur bien le plus cher.

» Le conseil municipal se fait l'interprète de la cité tout entière ; il ne peut se défendre d'exprimer son douloureux étonnement de la tardive connaissance qui lui est donnée, par votre lettre de ce jour seulement, des ressources et subsistances sur lesquelles le commandant supérieur peut compter.

» La population en subira les conséquences avec courage ; elle ne veut sous aucune forme assumer la responsabilité d'une situation qu'il ne lui a pas été donné de connaître ni de prévenir.

» Nous vous prions, Monsieur le général, de faire parvenir à M. le maréchal Bazaine cette expression de nos sentiments ; ils se résument dans le cri de :

» Vive la France ! »

Une adresse toute confraternelle à l'armée du maréchal Bazaine, signée par la garde nationale, qui prit, à partir du 15 octobre, le service des postes de la ville, était ainsi conçue :

« A nos frères de l'armée,

» Les citoyens et gardes nationaux de la ville de Metz, inspirés par les nobles résolutions du conseil municipal, viennent vous offrir leur concours pour défendre l'indépendance de la patrie menacée.

» Ils sont convaincus que vous accueillerez avec bonheur cette démarche et que vous résisterez avec nous à toute idée de capitulation.

» L'honneur de la France et du drapeau que vous avez toujours défendu avec une invincible vaillance, la gloire de notre cité vierge de toute souillure, nos obligations envers la postérité, nous imposent l'impérieux devoir de mourir plutôt que de renoncer à l'intégrité de notre territoire.

» Nous verserons avec vous la dernière goutte de notre sang, nous partagerons avec vous notre dernier morceau de pain.

» Levons-nous comme un seul homme, la victoire est à nous.

» Vivent nos frères de l'armée !

» Vive la France une et indivisible ! »

(Suivent les signatures des citoyens et des gardes nationaux.)

Malheureusement d'aussi patriotiques résolutions devenaient inutiles, car on avait trop longtemps caché à la ville et à l'armée la triste situation dans laquelle elles se trouvaient. Mais je veux surtout exprimer ma sincère reconnaissance et ma profonde admiration en témoignant mon respectueux hommage aux femmes de toutes les classes de la société, à ces dignes Lorraines qui, pendant la durée du blocus de Metz, furent si admirables de dévouement et d'abnégation.

Soignant ou consolant avec une bonté parfaite les malades et les blessés, elles bravaient les dangers continuels des épidémies en montrant la constance et la modestie du véritable courage.

C'est une belle page qu'elles ont inscrite dans les annales de cette infortunée cité, dont le sort de la guerre allait nous séparer si cruellement.

CHAPITRE V

SOMMAIRE

Autorisation accordée au général Boyer de se rendre à Versailles. — Arrivée du général à Versailles. — Il assiste à un conseil de guerre présidé par le roi. — Déclaration du comte de Moltke. — L'avis de M. de Bismarck prévaut. — Renseignements recueillis par le général Boyer. — Retour du général à Metz. — Le 17 octobre, conseil de guerre présidé par le maréchal, pour faire connaître le résultat de la mission du général. — Il est décidé qu'il repartira pour se rendre près de l'Impératrice. — 20 octobre, nouveau conseil de guerre pour connaître le résultat des communications faites par les commandants de corps aux généraux de division et aux troupes sous leurs ordres.
Essai d'une dernière sortie. — L'épuisement des troupes oblige à y renoncer. — Le 25 octobre, le maréchal réunit un conseil de guerre pour faire connaître une dépêche du roi de Prusse annonçant les intentions de l'Impératrice. — Le conseil accueille cette communication avec une douloureuse surprise. — Il est décidé que l'on s'adressera au prince Frédéric-Charles. — Le général Changarnier est chargé de cette délicate mission. — Les commandants des corps continuent à se plaindre de la misère de leurs troupes. — Partage des vivres de la place avec l'armée. — Le général Coffinières refuse. — Ordre du maréchal Bazaine.
Réponse du prince Frédéric-Charles au général Changarnier. — Elle n'est pas meilleure que les précédentes. — Le maréchal envoie le général de Cissey près du général Stiehle, chef d'état-major, pour discuter une convention.

Autorisation accordée au général Boyer de se rendre à Versailles.

Le roi de Prusse accorda le 12 octobre, par dépêche télégraphique, après l'avoir refusée le 11, l'autorisation demandée pour le général Boyer, de se rendre au grand quartier royal à Versailles.

Le général partit aussitôt, accompagné de deux

officiers de l'état-major du prince Frédéric-Charles ; il parcourut en chemin de fer le trajet de Metz à Château-Thierry ; une voiture aux armes du roi le transporta à Versailles.

A son arrivée dans cette ville, on ne le laissa pas communiquer librement, mais il fut reçu par le comte de Bismarck qui transmit au roi sa demande d'audience.

Introduit presque tout de suite, il se trouva en présence d'un conseil de guerre auquel assistaient, sous la présidence du roi, les principaux chefs de l'armée allemande.

Quand le général Boyer eut exposé le but de sa mission, le comte de Moltke prit la parole et déclara que dans une question toute militaire les négociations ne pouvaient être longues : l'armée de Metz devait subir le sort de l'armée de Sedan et se rendre prisonnière de guerre.

M. de Bismarck fit observer que la question politique devait primer la question militaire : « Je serais disposé à admettre, dit-il, une convention qui permettrait à l'armée de Metz de se retirer sur un point désigné du territoire français, afin d'y protéger les délibérations nécessaires pour assurer la paix . »

Cette idée était suggérée à M. de Bismarck par les difficultés que faisait naître, pour le gouvernement prussien, l'absence d'un gouvernement régulier avec lequel il pût traiter ; le gouvernement de la Défense nationale, qui avait renversé l'Empire à la suite de la révolution du 4 Septembre, n'était pas encore reconnu par lui.

D'après les renseignements qui provenaient des Allemands et recueillis par le général Boyer le long de sa route, et d'après les journaux qu'on lui procura : « La France se trouvait dans la plus complète anarchie ; — Paris investi, paraissait affamé et sans communications extérieures ; — la discorde civile y paralysait la défense ; — les portes devaient être ouvertes aux Allemands dans peu de jours ; — les membres du comité de la Défense nationale se trouvaient débordés ; — Gambetta et de Kératry étaient partis en ballon ; l'un était tombé à Bar-le-Duc, l'autre à Amiens ; — le désordre augmentait chaque jour dans le midi de la France ; — le drapeau rouge flottait à Lyon, à Marseille, à Bordeaux ; — une armée de volontaires bretons venait d'être détruite du côté d'Orléans ; — la Normandie, parcourue par des bandes de brigands, avait appelé les Allemands pour rétablir l'ordre ; — le Havre, Elbeuf, Rouen, demandaient des garnisons prussiennes afin de sauvegarder avec la garde nationale la sécurité publique ; — un mouvement d'un caractère religieux venait d'éclater en Vendée ; — le Nord désirait ardemment la paix ; — la Prusse réclamait la Lorraine et l'Alsace avec plusieurs milliards d'indemnité de guerre ; — enfin, l'Italie voulait reprendre la Savoie, Nice et la Corse.

Telles étaient les fausses nouvelles que rapportait le général Boyer. Avant de quitter Versailles, il eut une dernière entrevue avec M. de Bismarck dans laquelle le ministre du roi Guillaume lui fit comprendre combien cette prétendue anarchie causait de difficultés à la Prusse, disposée cependant à traiter de la paix, car les différentes villes ne s'accordaient pas sur la forme du gouvernement nouveau qui devait remplacer l'Empire. Les d'Orléans ne s'étant pas présentés, on ne pouvait songer à établir les bases de négociations qu'en s'adressant au gouvernement qui existait avant le 4 septembre, c'est-à-dire la régence ; mais on ignorait si dans les circonstances actuelles la régente voudrait écouter des propositions pacifiques. En cas de refus on ne pourrait donc que s'adresser à la Chambre des députés, issue du suffrage universel et représentant encore légalement la nation.

Toutefois, afin que le Corps législatif pût se réunir de nouveau pour délibérer, il faudrait qu'il fût protégé par une armée française.

« Et c'est le rôle, conclut M. de Bismarck, qu'aurait à remplir l'armée de Metz. »

Le général Boyer revint le 17 à Metz, et le 18 octobre eut lieu une nouvelle conférence pour entendre le récit de la mission dont il avait été chargé, afin que l'armée sous Metz pût sortir avec armes et matériel.

Le général Changarnier y assista.

Le général Boyer fit ressortir que les conditions qu'il avait pu obtenir subordonnaient à une question politique les avantages qui seraient accordés à l'armée.

Il exposa la situation intérieure de la France telle qu'elle lui avait été dépeinte, et l'impossibilité de traiter avec le gouvernement de la Défense nationale sans la convocation préalable d'une Assemblée constituante qui seule pouvait garantir le traité.

Il fut décidé, à la majorité de 7 voix contre 2, que le

général Boyer retournerait à Versailles et de là se rendrait en Angleterre, dans l'espoir qu'avec l'intervention de l'Impératrice-régente on obtiendrait des conditions plus favorables pour l'armée de Metz.

A l'unanimité, le Conseil déclara que le maréchal resterait en dehors de toute négociation politique et n'accepterait aucune délégation pour signer un traité dont les bases seraient étrangères à l'armée.

Le général Boyer repartit avec ces nouvelles instructions, mais ne revint pas, car l'acceptation des garanties demandées par l'autorité militaire allemande ne dépendait en aucune façon des chefs de l'armée.

En attendant le retour du général, les commandants de corps d'armée furent chargés de mettre les généraux et les officiers sous leurs ordres au courant de ce qui se passait, afin de faire savoir aux troupes que leur situation pénible n'était que transitoire.

Le 20 octobre, nouvelle réunion du conseil de guerre pour connaître le résultat des communications faites par les commandants de corps. A part deux dont l'un se montra douteux et l'autre hostile, les autres acceptaient les négociations entamées avec le roi de Prusse par l'intermédiaire du général Boyer.

Mais toutes ces démarches faites dans le but de sauver l'armée, ne s'appuyant que sur de faux renseignements émanant de source prussienne, nous laissaient ignorer la réalité. Car au lieu des nouvelles alarmantes rapportées par le général Boyer, quelques troubles avaient été promptement réprimés à Paris, et la population, sous la haute direction du général Trochu, préparait une défense énergique pendant que l'armée de la Loire, organisée à la hâte par Gambetta, venait de livrer avec le général d'Aurelles de Paladine quelques combats glorieux et se préparait à opposer au général Von der Thann une vigoureuse offensive.

A tout hasard notre rôle était donc de retenir autour de Metz le plus longtemps possible l'armée du prince Frédéric, qui devait apporter sur la Loire un si puissant renfort. Un retard de quinze jours pouvait changer la face des évènements ; mais dans l'état où se trouvait l'armée de Metz, il n'était plus possible d'essayer de se maintenir aussi longtemps.

L'effet des indécisions et des fautes du commencement se faisait ressentir alors d'une façon absolue.

Essai d'une dernière sortie.

Enfin, le 21 octobre, le maréchal, attendant toujours le retour du général Boyer, se décida à adresser en six expéditions à Paris et à Tours la dépêche suivante:

« A plusieurs reprises j'ai envoyé des hommes de bonne volonté pour donner des nouvelles de l'armée de Metz. Depuis, notre situation n'a fait qu'empirer et je n'ai jamais reçu la moindre communication ni de Paris ni de Tours.

» Il est cependant urgent de savoir ce qui se passe dans l'intérieur du pays et dans la capitale, car sous peu la famine me forcera de prendre un parti dans l'intérêt de la France et de cette armée. »

Les journées des 20, 21, 22 et 23 se passèrent sans

incident; cependant toujours grande animation dans la ville et préoccupation dans l'armée.

Le 21, le maréchal voulut tenter une sortie, mais l'épuisement des troupes l'obligea à y renoncer.

Le 23 le maréchal qui se trouvait à bout de ressources, déclara au général Coffinières qu'il ne donnerait plus de viande de cheval à la place; immédiatement une commission fut organisée pour acheter les chevaux des particuliers.

La misère devenait très grande et les souffrances se trouvaient encore augmentées par les pluies torrentielles qui ne cessaient pas depuis plus de 15 jours.

Le 25 octobre au matin, le maréchal réunit un nouveau conseil de guerre pour transmettre la réponse du roi, qui lui était arrivée le 24 par l'intermédiaire du prince Frédéric-Charles : elle n'annonçait aucune chance d'arriver à un résultat avantageux par des négociations politiques. — L'Impératrice ne voulait pas s'occuper de traiter et M. de Bismarck déclarait que dans ces conditions toute convention devenait impossible.

La majorité du conseil accueillit ces communications avec une douloureuse surprise et émit l'avis qu'il fallait s'adresser directement au prince Frédéric-Charles pour lui demander que l'armée se retirât en France ou en Algérie, et s'il refusait, on finirait par une lutte à outrance.

Le vénérable général Changarnier, qui dès le début de la campagne était venu offrir à l'Empereur sa grande expérience, quoique n'exerçant pas de commandement, accepta par dévouement pour l'armée qu'il avait pu apprécier, cette délicate mission.

Les commandants de corps continuaient à se plaindre de la misère de leurs soldats et réclamaient avec raison le partage des vivres de la place afin que l'armée pût en avoir sa part.

Cette réclamation était d'autant plus juste que jusqu'au 23 octobre, les chevaux de l'armée avaient nourri les habitants.

Le général de Coffinières, voulant de son côté sauvegarder les ressources de la ville, refusa. Le maréchal insistant, il demanda un ordre écrit qui lui fut adressé par la lettre suivante :

« Ban-Saint-Martin, 25 octobre.

» Mon cher général,

» Vous avez pris part ce matin au conseil des commandants de corps d'armée et des chefs supérieurs de service que les circonstances m'ont fait réunir.

» Vous savez déjà qu'il a été reconnu unanimement que la place de Metz et l'armée étaient inséparables dans leurs intérêts comme dans leur sort.

» Malgré vos observations sur mes décisions antérieures qui séparaient les vivres de l'armée de ceux de la place, — malgré vos observations sur les devoirs qui incombent à vos fonctions, le conseil, n'ayant égard qu'à la situation grave dans laquelle nous sommes placés, s'est prononcé énergiquement pour la mise en commun des vivres encore existants tant dans la place que dans l'armée.

» Cette opinion me paraissant juste et fondée, surtout en présence des souffrances et des privations qu'endure le soldat, je suis dans l'obligation de vous ordonner de mettre à la disposition de l'intendant général de l'armée, pour le service des troupes campées autour de Metz, les denrées qu'il vous demandera.

» Ce haut fonctionnaire a mission de s'assurer des denrées existantes dans les corps d'armée et dans la place, et d'en faire ensuite une répartition équitable entre tous, de manière que toutes les troupes, qu'elles appartiennent à la place ou à l'armée, soient également pourvues.

» Vous voudrez bien assurer la stricte exécution de cette dépêche, dont vous m'accuserez réception. »

Réponse du prince Frédéric-Charles.

Le 26 octobre, nouveau conseil de guerre pour prendre connaissance de la réponse du prince Frédéric-Charles au général Changarnier.

Elle n'était pas meilleure que les précédentes ; le prince, connaissant notre situation, s'était arrangé de façon à faire entrer des vivres dans la place.

Frédéric-Charles, après avoir envoyé au-devant de l'illustre vétéran deux de ses aides de camp, lui avait fait l'accueil le plus courtois.

Dans cette entrevue qui dura près de trois heures, le prince parla de l'armée avec la plus haute estime et voulut lui témoigner son respect en accordant aux officiers l'autorisation de garder leurs armes.

A la sortie du conseil, le maréchal chargea le général de Cissey de voir le général Stiehle, chef d'état-major de l'armée prussienne devant Metz, qui lui répéta presque exactement les paroles dont s'était servi le prince Frédéric dans son entretien avec le général Changarnier.

CHAPITRE VI

SOMMAIRE

Derniers moments. — Conseil de guerre tenu le 26 octobre par le maréchal. — Il est convenu que le général Jarras se rendra au grand quartier général prussien pour arrêter les conditions d'une convention militaire. — Conséquences des lenteurs et de l'indécision du commencement. — Epuisement de l'armée en dernier lieu. — Ce qu'il restait à faire. — Avantages que pouvait avoir pour repousser l'invasion la résistance de Metz. — Accusation portée contre le maréchal Bazaine. — Explication de sa conduite. — Opinion du général Changarnier sur la conduite du maréchal Bazaine.
28 *Octobre : Réunion du dernier conseil de guerre.* — Lecture de la convention signée entre le général Jarras et le général Stichle. — Protocole. — Ordre du jour du maréchal Bazaine à l'armée. — Proclamation du général Coffinières aux habitants de Metz.
Les drapeaux.
Reddition de l'armée. — Préparatifs de départ pour les troupes. — Elles sont conduites aux avant-postes prussiens. — Scènes déchirantes. — Les Prussiens entrent à Metz.

Derniers moments.

Quelques officiers entreprenants furent d'avis de tenter encore un suprême effort pour chercher à percer les lignes ennemies; mais dans l'état d'épuisement de l'armée, c'eût été une héroïque folie qui aurait produit un résultat désastreux en nous exposant à succomber en rase campagne.

Nous n'avions plus de cavalerie, plus de chevaux pour traîner notre artillerie; en outre, l'armée, décimée par les maladies, les pertes à l'ennemi, les fatigues et les privations, ne pouvait présenter qu'environ 60.000 combattants, et dans ces conditions elle n'était certainement plus en état de lutter avec succès contre 240.000 Allemands largement approvisionnés. Il ne restait donc que la perspective d'une nouvelle catastrophe qui aurait abouti à la perte certaine de milliers de braves soldats inutilement sacrifiés (1).

Il fut convenu à l'unanimité, dans un conseil de guerre réuni le 26 par le maréchal Bazaine, que le chef d'état-major général Jarras se rendrait au quartier du prince Frédéric-Charles délégué par le conseil

---

(1) Le 26 octobre, du fort des Bordes j'écrivais à mon colonel, M. du Paty, qui me posait plusieurs questions au sujet de la capitulation :

« ....
» Je m'empresse de répondre aux questions que vous m'avez fait l'honneur de m'adresser,
» Savoir :
» 1° Capituler sans conditions ;
» 2° Tenter la trouée ;
» 3° Briser ses armes.
» Le 1er cas est inadmissible.
» Le 2e semble le plus honorable ; mais en y réfléchissant bien, il est impraticable ; sans cavalerie, sans artillerie, avec des troupes fatiguées, des approvisionnements en vivres et en munitions presque épuisés, ne sachant où se ravitailler, ce serait marcher vers un désastre complet et nous mettre à la merci de l'ennemi.
» Le 3e cas est une dure nécessité, mais à laquelle nous sommes forcés de nous soumettre.
» Demeurons donc ici jusqu'au dernier moment ; que la ration pour les officiers et la troupe soit encore diminuée si c'est possible ; gagnons ainsi quelques jours pour retenir le prince Frédéric-Charles et laisser aux nouvelles armées le temps de s'organiser.
» Quand nous n'aurons plus de vivres, nous devrons user nos dernières cartouches, briser nos armes, faire sauter nos forts, détruire nos canons, brûler nos étendards et ne rien laisser entier à l'ennemi.
» Car Metz, place forte, a pour l'armée allemande une importance considérable : elle rapproche sa base d'opérations, appuie son attaque sur Paris, et lui permet de déployer ses forces dans l'intérieur ou d'assurer sa retraite.
» Ce moyen extrême de sortir de la terrible crise vers laquelle nous avons été fatalement conduits me semble le plus profitable à la défense qui s'organise en France et le moins humiliant pour nous. »

et muni de ses pleins pouvoirs. Il devait arrêter et signer une convention militaire par laquelle l'armée française, vaincue par la famine, se constituerait prisonnière de guerre.

Cette cruelle nécessité, vers laquelle l'armée fut forcément entraînée, était le funeste résultat des lenteurs et de l'indécision du commencement, et on l'eût évitée ou au moins retardée si, au lieu de laisser l'armée s'user sur les glacis de la place, on l'avait établie dans un grand camp retranché qui lui aurait donné des vivres, un bon campement et des points d'appui sérieux pour tenter une sortie efficace.

L'armée de Metz, après les fautes du commencement, devait chercher à inquiéter l'ennemi, menacer au besoin sa ligne de retraite, et surtout occuper autour d'elle des forces considérables, tout en essayant aussi de se relier à Thionville, afin de prendre sur cette place forte un 2ᵉ point d'appui qui pouvait lui permettre de s'échapper par le nord.

En dernier lieu l'armée était tellement épuisée qu'elle se trouvait dans l'impossibilité matérielle de résister plus longtemps.

Les quelques chevaux maigres qui nous restaient tombaient d'inanition.

La mortalité était grande parmi les habitants. Dans certains corps, depuis plus de 15 jours le pain et le biscuit manquaient; on ne touchait plus ni vin, ni eau-de-vie, ni sucre, ni sel; quelques grammes de riz et de café seulement, dans les corps les mieux pourvus. Deux cents hommes étaient morts d'épuisement dans les tranchées; les ambulances souffraient; les amputations ne réussissaient plus; presque tous les blessés succombaient.

Cependant, connaissant l'importance de Metz, nous trouvions tous que ces souffrances ne suffisaient pas encore.

Bien que l'on ne puisse pas établir en principe qu'on doive faire sauter une place de guerre avant de la livrer, puisque généralement elle doit être restituée à la paix, Metz cependant avait une importance telle que l'on devait détruire tous ses ouvrages extérieurs afin de ne pas rendre à l'ennemi, avec un matériel considérable, des armes, des drapeaux et une armée, une place forte qui devait lui être si utile pour poursuivre cette guerre d'invasion.

La résistance de Metz empêchait le prince Frédéric-Charles de porter secours aux armées de l'intérieur.

En la prolongeant on immobilisait 240 à 260.000 ennemis, qui devinrent plus tard d'un si grand secours au général Von der Thann pour arrêter notre armée de la Loire, dont l'offensive hardie prise par le général d'Aurelles de Paladine, commençait à inspirer de vives craintes aux Allemands.

Ces fautes firent diriger contre le maréchal Bazaine des accusations de trahison qui n'étaient pas fondées, mais elles donnèrent lieu à ce fatal dénouement que l'on ne croyait pas aussi rapproché.

La réputation militaire du maréchal Bazaine était bien établie. C'était un chef sous les ordres duquel l'armée fut, au commencement, satisfaite de se trouver; les événements se succédèrent tellement vite, les désastres arrivèrent si inopinément, que le général en chef, investi d'un commandement qui assumait sur lui une aussi redoutable responsabilité, se trouva tout de suite réduit à de faibles ressources sans avoir pris les précautions suffisantes.

Obligé de faire manger les chevaux de l'artillerie et de la cavalerie pour nourrir ses troupes et les habitants, forcé ainsi de désorganiser et de détruire lui-même cette armée, qui avait été si vigoureuse, il la rendit incapable de lutter plus longtemps contre des forces allemandes dont les effectifs étaient toujours maintenus dans de bonnes conditions.

« Bazaine ne s'est pas vendu, dit le général Changarnier ; il n'avait pas besoin d'argent et son œuvre est loin de la trahison. C'était une nécessité............
....

» Il croyait que la paix allait être proclamée, que la guerre tomberait à plat et que sa réputation militaire resterait intacte.

» Ensuite Bazaine espérait que, la paix une fois conclue, il pourrait sortir de Metz avec 100.000 hommes, la fleur de l'armée française, et qu'il pourrait faire accroire à l'opinion publique qu'il était un héros parce qu'il ne se serait pas rendu et aurait tenu Metz envers et contre tous.

»...»

(*Indépendance belge*, n° du 20 novembre 1870.)

Ce mot de trahison était alors dans la bouche de tous les mécontents ou des ambitieux, et était même employé pour flétrir une vaillante armée qui, elle aussi, un instant, a passé pour lâche, injuriée et insultée par ces effrontés criards, qui avaient bien soin, pour blasphémer, de se tenir éloignés des champs de bataille.

28 octobre : Réunion du dernier Conseil de guerre.

Le 28 octobre, à 8 h. 1/2 du matin, eut lieu la réunion du dernier conseil de guerre, auquel assistèrent les commandants de corps d'armée et des armes spéciales, pour entendre la lecture de la convention signée le 27 octobre 1870 au château de Frescaty (près Metz) par le général Jarras, chef d'état-major de l'armée, muni des pleins pouvoirs que lui donnèrent, dans la séance du 26, tous les membres du conseil de guerre.

Le général Jarras lut le protocole ci-dessous, auquel donnèrent leur approbation :

Le maréchal Canrobert, commandant le 6e corps ;

Le maréchal Le Bœuf, commandant le 3e corps ;

Le général Ladmirault, commandant le 4e corps ;

Le général Frossard, commandant le 2e corps ;

Le général Desvaux, commandant provisoirement la garde impériale ;

Le général Soleille, commandant en chef de l'artillerie ;

Le général Coffinières de Nordeck, commandant supérieur de Metz et commandant en chef du génie de l'armée ;

L'intendant général Lebrun, intendant général de l'armée ;

Le général Changarnier ;

Le maréchal Bazaine, commandant en chef l'armée du Rhin.

PROTOCOLE

« Entre les soussignés, le chef d'état-major de l'armée française sous Metz et le chef de l'état-major de l'armée prussienne devant Metz, tous deux munis de pleins pouvoirs de S. E. le maréchal Bazaine, commandant en chef, et du général en chef S. A. R. le prince Frédéric-Charles,

» La convention suivante a été conclue :

» *Article* 1er. — L'armée française placée sous les ordres du maréchal Bazaine est faite prisonnière de guerre.

» *Article* 2. — La forteresse et la ville de Metz avec tous les forts, le matériel de guerre, les approvisionnements de toute espèce et tout ce qui est propriété de l'Etat, seront rendus à l'armée prussienne dans l'état où tout cela se trouve au moment de la signature de cette convention.

» Samedi, 29 octobre, à midi, les forts Saint-Julien, Queuleu, Saint-Quentin, Plappeville et Saint-Privat, ainsi que la porte Mazelle, route de Strasbourg, seront remis aux troupes prussiennes.

» A dix heures du matin de ce même jour, des officiers d'artillerie et du génie avec quelques sous-officiers seront admis dans les dits forts pour occuper les magasins à poudre et éventer les mines.

» *Article* 3. — Les armes ainsi que tout le matériel de l'armée consistant en drapeaux, aigles, canons, mitrailleuses, chevaux, caisses de guerre, équipages de l'armée, munitions, etc., seront laissés à Metz et dans les forts, à des commissions militaires instituées par M. le maréchal Bazaine, pour être remis immédiatement à des commissaires prussiens.

» Les troupes, sans armes, seront conduites, rangées d'après leurs régiments, au corps et en ordre militaire, aux lieux qui sont indiqués pour chaque corps. Les officiers rentreront alors librement dans l'intérieur du camp retranché ou à Metz, à la condition de s'engager sur l'honneur à ne pas quitter la place sans l'ordre du commandant prussien.

» Les troupes seront alors conduites par leurs sous-officiers aux emplacements de bivouacs. Les soldats conserveront leurs sacs, leurs effets et les objets de campement (tentes, couvertures, marmites, etc.).

» *Article 4.* — Tous les généraux et officiers, ainsi que les employés militaires ayant rang d'officiers, qui engageront leur parole d'honneur par écrit de ne pas porter les armes contre l'Allemagne et de n'agir d'aucune autre manière contre ses intérêts jusqu'à la fin de la guerre actuelle, ne seront pas faits prisonniers de guerre.

» Les officiers et employés qui accepteront cette condition conserveront leurs armes et les objets qui leur appartiennent personnellement.

» Pour reconnaître le courage dont ont fait preuve pendant la durée de la campagne les troupes de l'armée et de la garnison, il est en outre permis aux officiers qui opteront pour la captivité, d'emporter avec eux leurs épées ou sabres, ainsi que tout ce qui leur appartient personnellement.

» *Article 5.* — Les médecins militaires, sans exception, resteront en arrière pour prendre soin des blessés; ils seront traités d'après la convention de Genève. Il en sera de même du personnel des hôpitaux.

» *Article 6*. — Des questions de détails, concernant principalement les intérêts de la ville, sont traitées dans un appendice ci-annexé qui aura la même valeur que le présent protocole.

» *Article 7*. — Tout article qui pourra présenter des doutes sera toujours interprété en faveur de l'armée française.

» Fait au château de Frescaty, le 27 octobre 1871.

» Signé : L. Jarras,
» Sthiele ».

Ce protocole imposait des conditions blessantes que ne méritait pas l'armée de Metz.

La remise de nos drapeaux et étendards doit être reprochée amèrement au maréchal Bazaine. Il semble que l'on ait considéré comme une compensation le droit accordé aux officiers de conserver leurs armes; mais on aurait dû comprendre que l'armée tout entière tenait à ces insignes qu'elle avait défendus si courageusement, et qu'en les livrant à l'ennemi c'était l'humilier profondément.

Le 28, le maréchal Bazaine adressait à l'armée son dernier ordre du jour, dans lequel il paraissait fort embarrassé de lui faire une pareille communication, après l'avoir conduite par son imprévoyance au bord de l'abîme en lui laissant ignorer le sort qui l'attendait.

« *Ordre général n° 12 à l'armée du Rhin.*

« Vaincus par la famine, nous sommes contraints de subir le sort de la guerre en nous constituant prisonniers.

» A diverses époques de notre histoire militaire, de braves troupes commandées par Masséna, Kléber, Gouvion-Saint-Cyr, ont éprouvé le même sort qui n'entache en rien l'honneur militaire quand, comme vous, on a aussi glorieusement accompli son devoir jusqu'à l'extrême limite humaine.

» Tout ce qui était loyalement possible pour éviter cette fin a été tenté et n'a pu aboutir.

» Quant à renouveler un dernier effort pour briser les lignes fortifiées de l'ennemi, malgré votre vaillance et le sacrifice de milliers d'existences qui peuvent encore être utiles à la patrie, il eût été infructueux par suite de l'armement et des forces écrasantes qui gardent et appuient ces lignes : un désastre en eût été la conséquence.

» Soyons dignes dans l'adversité ; respectons les conventions honorables qui ont été stipulées, si nous voulons être respectés comme nous le méritons.

» Evitons surtout pour la réputation de cette armée les actes d'indiscipline comme la destruction d'armes et de matériel, puisque d'après les usages militaires, place et armement devront faire retour à la France lorsque la paix sera signée.

» En quittant le commandement, je tiens à exprimer aux généraux, officiers et soldats toute ma reconnaissance pour leur loyal concours, leur brillante valeur dans les combats, leur résignation dans les privations, et c'est le cœur brisé que je me sépare de vous.

» *Le maréchal commandant en chef,*
» BAZAINE. »

Le 26, le général Coffinières se rendit au conseil municipal pour lui faire connaître ces tristes nouvelles. Cette communication fut reçue avec résignation.

Le 27, on lisait à Metz la proclamation du général aux habitants par laquelle il leur annonçait ce fatal dénouement :

PROCLAMATION.

« Habitants de Metz,

» Il est de mon devoir de vous faire connaître loyalement notre situation, bien persuadé que vos âmes viriles et courageuses seront à hauteur de ces graves circonstances.

» Autour de vous est une armée qui n'a jamais été vaincue et qui s'est montrée aussi ferme devant le feu de l'ennemi que devant les plus rudes épreuves.

» Cette armée, interposée entre la ville et l'assiégeant, nous a donné le temps de mettre nos forts en état de défense et de monter sur nos remparts plus de 600 pièces de canon : enfin, elle a tenu en échec plus de 240.000 hommes.

» Dans la place, nous avons une population pleine d'énergie et de patriotisme, bien décidée à se défendre jusqu'à la dernière extrémité.

» Si nous avions du pain, cette situation serait parfaitement rassurante : malheureusement, il n'en est point ainsi.

» J'ai déjà fait connaître au conseil municipal que malgré la réduction des rations faite par les autorités civiles et militaires, nous n'avions de vivres assurés que jusqu'au 28 octobre.

» De plus, notre brave armée, déjà si éprouvée par le feu de l'ennemi, puisque 42.500 hommes en ont subi les atteintes, souffre horriblement de l'inclémence exceptionnelle de la saison et des privations de toute sorte.

» Le conseil de guerre a constaté ces faits, et M. le maréchal commandant en chef a donné l'ordre formel, comme il en a le droit, de verser une partie de nos ressources à l'armée.

» Cependant, grâce à nos économies, nous pouvons rester encore jusqu'au 30 courant et notre situation ne se trouve pas sensiblement modifiée.

» Jamais, dans les fastes militaires, une place de guerre n'a résisté jusqu'à un épuisement aussi complet de ressources et n'a été aussi encombrée de blessés et de malades.

» Nous sommes donc condamnés à succomber, mais ce sera avec honneur et nous ne serons vaincus que par la faim.

» L'ennemi qui nous investit péniblement depuis plus de soixante-dix jours sait qu'il est près d'atteindre le but de ses efforts : il demande la place et l'armée et n'admet pas la séparation de ces deux intérêts.

» Quatre ou cinq jours de résistance désespérée

n'auraient d'autres résultats que d'aggraver la situation des habitants.

» Tous peuvent d'abord être bien convaincus que leurs intérêts privés seront défendus avec la plus vive sollicitude.

» Sachons supporter stoïquement cette grande infortune et conservons le ferme espoir que Metz, cette grande et patriotique cité, restera à la France.

» Metz le 27 octobre 1870.

» *Le général commandant supérieur,*
» Coffinières. »

Dans l'après-midi du 28, quelques manifestations eurent lieu dans la ville ; l'hôtel de la division fut envahi et on sonna le tocsin.

Quant à l'armée, elle supportait son malheur avec une profonde tristesse ; mais sa douleur se manifestait en accusant sévèrement le maréchal Bazaine, auquel on reprochait d'être la cause de ce résultat par ses lenteurs et son indécision.

Les Drapeaux.

La remise à l'ennemi des drapeaux et étendards de l'armée de Metz est un des souvenirs les plus douloureux qui me soit resté de cette pénible époque.

Le maréchal avait donné ordre à tous les corps de les faire porter à l'arsenal en assurant formellement qu'ils seraient brûlés.

Comptant sur sa parole, on se sépara de ces insignes vénérés rappelant nos luttes glorieuses avec la consolation de les avoir vaillamment défendus sans qu'aucun d'eux, pendant toute la durée du siège, fût tombé au pouvoir de l'ennemi et il restait la triste satisfaction de penser que nos drapeaux seraient détruits plutôt que de devenir les trophées d'une victoire si difficilement obtenue par lui.

Au moment de s'en séparer, l'émotion fut des plus vives dans toute l'armée; des divisions, des brigades, des régiments voulurent accomplir eux-mêmes ce pieux sacrifice, car on savait indirectement, qu'à la réunion du conseil d'enquête du 26 octobre, le maréchal Bazaine, interpellé par le maréchal Canrobert, les généraux de Ladmirault et Desvaux sur la façon dont ces drapeaux seraient brûlés, avait répondu vaguement sans donner des ordres positifs.

Dans la journée du 26, des ordres contradictoires vinrent encore augmenter la consternation.

Le second de ces ordres prescrivait de faire transporter les drapeaux et étendards dans un chariot de batterie fermé, sous la conduite d'un lieutenant accompagné de quatre sous-officiers. Ces drapeaux devaient faire partie du matériel de la place vérifié par une commission d'officiers français et prussiens.

Un pareil ordre causa une indignation unanime; des généraux, des colonels refusèrent de s'y soumettre et il se produisit dans les camps des actes de désespoir prouvant combien était sincère le dévouement qui attache le soldat à son drapeau parce que partout il représente la Patrie.

Le général Desvaux, tout en donnant des instructions pour assurer l'exécution de l'ordre du maréchal, proposa de les faire brûler à leur arrivée à l'arsenal ; ceux de l'artillerie de la place furent détruits les premiers.

Le colonel Péan, du 1er régiment des grenadiers de la garde, prit l'énergique résolution de ne pas exécuter l'ordre du quartier général, et, pour la première fois, ce vaillant soldat désobéit à un ordre de ses chefs.

Cette détermination du colonel fut bientôt connue dans le camp des grenadiers qui se réunirent autour de sa tente en criant : « Non, nous ne rendrons pas nos drapeaux, que les Prussiens viennent les prendre, nous nous ferons tous tuer pour sauver le drapeau des grenadiers de la garde. »

Le colonel Péan, vivement impressionné, sortit de de sa tente. Ses hommes l'entourèrent en jurant, les larmes dans les yeux, qu'ils ne quitteraient pas leur drapeau. Il se décida alors à le détruire lui-même pour en partager la soie, noircie par la fumée des batailles et criblée de la mitraille ennemie, entre tous ces braves qui avaient si vaillamment combattu sous ses plis.

L'armurier du régiment brisa l'aigle dont les fragments furent gardés par les officiers.

Le général Jeaningros, auquel le colonel vint rendre compte de ce qui venait de se passer, l'en félicita chaleureusement et, prenant sur lui toute la responsabilité, engagea le colonel des zouaves de la garde à en faire autant.

Le colonel Péchot, du 2e voltigeurs, fit également déchirer son drapeau dont les morceaux furent conservés comme de précieuses reliques.

Il en fut de même : au 5e de ligne, division de Cissey ;

au 90ᵉ, division Castagny ; au 94ᵉ, division Lafont de Villiers.

Le drapeau du 94ᵉ avait été glorieusement mis en lambeaux, au centre du régiment, pendant la bataille de Rezonville et à Saint-Privat.

Le colonel de Geslin en détacha la soie qu'il découpa lui-même pour en remettre un morceau à chaque officier, au plus ancien adjudant, au plus ancien sous-officier, au plus ancien caporal et aux deux plus anciens soldats ; il n'envoya à l'arsenal que la hampe.

Le général Lapasset, qui commandait la brigade mixte attachée au 2ᵉ corps, donna l'ordre aux colonels des 84ᵉ et 87ᵉ de brûler leurs drapeaux en présence de leurs officiers. Cet ordre fut strictement exécuté ; les officiers se partagèrent les morceaux des cravates.

L'étendard du 3ᵉ lanciers, qui avait été déposé à l'arsenal en arrivant à Metz, avec ceux des régiments de cavalerie, fut réclamé et brûlé.

Le général de Lavaucoupet, qui avait si valeureusement combattu à Spickren, en recevant l'ordre d'envoyer les drapeaux de sa division à l'arsenal, s'écria :

« Cet ordre est infâme, il n'a aucun caractère militaire ; ce n'est pas ainsi qu'on traite les drapeaux.

« Ils sont remis aux troupes solennellement et c'est dans un fourgon qu'on veut les faire disparaître ; d'ailleurs, quelle certitude y a-t-il qu'ils seront détruits ? »

Le général, après avoir décidé qu'ils n'iraient pas à l'arsenal, donna ordre aux colonels de les faire brûler en présence de leur régiment après leur avoir rendu les honneurs.

« C'est devant ces drapeaux, dit-il, que le 6 août 25.000 Prussiens ont assailli pendant douze heures les 8.000 braves que je commandais en laissant sur le champ de bataille 5.600 des leurs, et cette vaillante troupe a protégé les deux autres divisions qui ont pu se retirer sans être inquiétées. »

Le drapeau du 17e régiment d'artillerie fut sauvé, grâce au dévouement du major Bizard qui le cacha sur sa poitrine et sortit de Metz déguisé en curé.

Toutes ces protestations si énergiques et si concluantes prouvent que dans l'armée les drapeaux ont toujours représenté l'honneur et le devoir. Mais au lieu de les anéantir plutôt que de les livrer intacts à l'ennemi, Bazaine prit toutes les précautions pour les enlever à leur régiment.

Dans la soirée du 27 octobre, avant la publication officielle du protocole, une voiture du train passa dans les camps et un adjudant d'artillerie dut enlever clandestinement tous les drapeaux qui restaient encore.

Dès que le lendemain matin on apprit cet enlèvement, l'indignation fut à son comble et pour rassurer les troupes, le maréchal fit dire par un de ses officiers que les drapeaux seraient brûlés; il n'en fit rien.

Des doutes s'élevèrent néanmoins dans l'armée. Le maréchal Canrobert, si loyal, ne put pas admettre un pareil forfait et crut à la sincérité de cette communication.

Les autres commandants de corps n'en doutèrent pas non plus; cependant le maréchal Le Bœuf ne consentit à livrer les drapeaux de son corps d'armée qu'en les faisant accompagner pour s'assurer qu'ils seraient brûlés, et chargea le général de Rochebouët, qui commandait l'artillerie du 3º corps, de signaler au général Soleille toute l'irrégularité de cet enlèvement.

Un digne officier, le colonel de Girels, directeur de l'arsenal, avait pris sur lui de faire détruire devant les délégués des corps tous les drapeaux qui lui furent apportés, quand le général Soleille vint en personne expliquer la contradiction des ordres du maréchal :

» Le protocole, dit-il, impose la cruelle nécessité de livrer tout ce que contiendra la place au moment de la capitulation ; les drapeaux y sont compris, il faut cesser cette opération, l'ennemi y tient et menace d'exercer envers l'armée et la place de terribles représailles. »

Mais avant la signature de cette convention il fallait détruire drapeaux, munitions, canons, armes, noyer les poudres, faire sauter les ouvrages extérieurs qui devaient être si utiles à l'ennemi pour assurer sa marche vers Paris et nous rendre ainsi.

Quel plus grand malheur avions-nous donc à redouter que celui que nous venions d'éprouver ?

De quelles représailles devaient être menacés l'armée et les habitants, et de quelle compensation pouvait nous gratifier l'ennemi en échange de cet acte de faiblesse ?

Les Allemands n'ont pas eu à se glorifier d'une pareille mesure ; ils n'ont orné leurs musées qu'avec des dépouilles piteusement ramassées dans nos magasins. Pas un drapeau, pas un canon ne nous a été enlevé pendant la bataille ; tandis qu'à Rezonville nous leur avons arraché *à la française* un canon et un drapeau.

On a aussi reproché amèrement au maréchal de n'avoir pas réclamé les honneurs du défilé; c'eût été un hommage rendu à de braves troupes qui, ayant toujours vaillamment combattu, n'avaient été vaincues que par la famine et la fatalité.

Reddition de l'armée.

Le 29, dès le point du jour, chaque corps fit déposer ses armes dans les locaux désignés à l'avance. Ensuite nos malheureux soldats rentrèrent au bivouac pour faire leurs préparatifs de départ; puis quelques heures après, munis de tous leurs effets de campement, ils furent mis en route et conduits aux avant-postes prussiens par une pluie battante qui augmentait encore la tristesse de cette lugubre cérémonie.

Les chefs de corps et les officiers voulurent accompagner leurs hommes et rester avec eux jusqu'au dernier moment, les considérant comme des amis avec lesquels on a vécu et qu'on éprouve un profond chagrin de quitter.

En arrivant au camp ennemi il se produisit, au moment de la séparation, des scènes émouvantes qui prouvèrent combien étaient réelles les sympathies existant entre les soldats et leurs officiers.

Ces adieux, de la part d'hommes qui savaient s'apprécier réciproquement après avoir souffert ensemble et vu la mort de si près, furent déchirants.

Les Allemands eux-mêmes en furent très vivement impressionnés et en voyant nos camps ils ne se figuraient pas qu'une armée ait pu demeurer aussi longtemps dans un tel état de misère et de privations.

Nous n'avions que des petites tentes-abris complètement usées qui ne protégeaient plus contre les intempéries.

Enfin on se quitta le cœur navré, mais avec la conscience d'avoir accompli dignement son devoir.

Le même jour l'armée allemande prenait possession de nos forts et entrait à Metz au milieu de la consternation générale.

A dater du 31 l'autorité prussienne dirigea les officiers par les voies ferrées sur les différentes résidences qui leur avaient été affectées en Allemagne

CHAPITRE VII

SOMMAIRE

Réflexions sur les événements : Conséquences à en tirer. — Situation de la France en 1870 et en 1895. — Travaux accomplis. — Attitude à conserver vis-à-vis de l'Allemagne.
Le maréchal Bazaine quitte Metz.
Sa mise en accusation. — Son procès. — Sa condamnation.
Les Généraux.

Réflexions sur ces événements.

A la nouvelle de cette capitulation la France fut atterée.

Metz avait toujours été considérée comme imprenable, et jusqu'alors elle avait mérité le surnom *la pucelle,* en raison de ses défenses héroïques dans tous les sièges qu'elle avait soutenus.

Les Lorrains en étaient très fiers.

Mais on ne songeait pas que depuis Guise et Charles-Quint les engins de destruction s'étaient perfectionnés et que les fortifications de Vauban, parfaites alors, devenaient tout à fait insuffisantes avec la nouvelle artillerie.

En 1868, un de nos éminents ministres de la guerre, le maréchal Niel, eut la patriotique pensée de commencer autour de Metz des forts qui devaient la mettre à l'abri de toute surprise et aussi d'une attaque sérieuse.

Mais l'heureuse idée de l'illustre maréchal devait

être soumise aux Chambres; il fallait ouvrir des crédits, les discuter, subir toutes les observations des politiciens-stratégistes, lutter contre le parti-pris de l'opposition, adversaire systématique alors de toutes les innovations proposées pour l'armée; entendre les doléances des partisans de la paix universelle, qui prêchaient déjà sur tous les tons la fraternité des peuples. Et, avec toutes ces lenteurs, quand la guerre fut déclarée, notre forteresse lorraine, qui passait pour notre meilleure place forte sur la frontière de l'Est, était pour ainsi dire une ville ouverte : les forts étaient à peine commencés et pas un d'eux n'avait un canon.

Tous ces travaux furent repris, continués et activés pendant que nous étions bloqués sous les murs de Metz après Saint-Privat.

Dans le courant de ce travail, j'ai dit plusieurs fois mon sentiment sur le parti à prendre, après nos premiers revers, quand nous fûmes obligés de quitter la frontière.

Au lieu de songer à cette retraite sur Verdun, qui livrait Metz, il aurait fallu défendre la ligne de la Moselle, et dans ces conditions Metz ne serait jamais tombé au pouvoir des Allemands; jamais ils n'auraient brisé cette barrière, que nous aurions rendue infranchissable pendant que de nouvelles armées se seraient reformées dans l'intérieur.

Et alors, avec tous les dévouements, tous les sacrifices déployés pour arrêter l'invasion, sacrifices héroïques, mais sans effet, nous aurions infligé une dure leçon aux Allemands en les repoussant jusqu'au Palatinat.

Je médite cette question depuis 25 ans, et jamais je n'ai varié. Je l'avais déjà traitée en captivité sous l'impression que nos premiers revers m'avaient laissée; je la reprends encore aujourd'hui avec la même conviction, en Lorrain qui vit son pays natal envahi et en soldat qui eut la douleur d'assister à la ruine et à l'effondrement d'une des plus vaillantes armées qu'ait possédées la France.

On a affirmé et répété que l'armée de Metz était indisciplinée et que ses malheurs devaient être attribués à cette prétendue indiscipline.

Des assertions aussi fausses prouvent, de la part de leurs auteurs, ou une ignorance complète de la vie en campagne ou une grande injustice envers cette armée.

Que quelques natures turbulentes aient donné lieu à des répressions sévères, il ne pouvait pas en être autrement dans une aussi grande réunion d'hommes soumis sans cesse aux exigences d'un service pénible et toujours sous les yeux de leurs chefs.

Mais je déclare hautement que dans les conditions matérielles où se trouvait l'armée de Metz, il n'était pas possible de supporter avec plus de résignation les souffrances morales et les privations de toutes sortes auxquelles sont continuellement soumises des troupes malheureuses.

La tenue, a-t-on prétendu aussi, était négligée et débraillée; mais il est impossible et il eût été absurde d'exiger d'hommes exposés à toutes les intempéries, vivant pour ainsi dire dans l'eau et dans la boue, la même régularité qu'à la caserne; d'ailleurs, ces critiques sévères ignoraient sans doute que beaucoup d'officiers et de soldats avaient perdu presque tous leurs effets, tombés au pouvoir de l'ennemi sur le champ de bataille.

Si par suite de tendances extra-libérales, la discipline était devenue moins sévère, les bons chefs ont néanmoins toujours conservé sur leurs troupes une influence salutaire.

Nos soldats en campagne retrouvent cette confiance et cette soumission qu'en garnison de mauvais esprits, qui ont la triste spécialité de troubler la société, veulent faire disparaître chez eux, en cherchant à leur prouver qu'ils font un métier servile; ils ne savent donc pas ces hommes de malheur que nous cherchons sans cesse à faire comprendre à nos soldats que le sacrifice de la vie, qu'ils font à la patrie, est le plus sublime, le plus noble qu'on puisse demander ici-bas!

Toutes les fois que le soldat ne sera pas troublé par des conseils pernicieux, il restera honnête homme et brave devant l'ennemi, car il reçoit sous les drapeaux des idées d'ordre, des principes de droiture, de loyauté et de vrais sentiments d'honneur.

Si, dans les dernières années de l'Empire, notre armée avait perdu de son prestige, elle le devait à toutes ces publications honteuses qui, développant ou encourageant les mauvais instincts, éloignaient l'homme de guerre de ses devoirs et le rendaient rebelle aux règlements militaires.

Telles sont les causes de l'indiscipline quand elle existe.

Nos jeunes officiers au début de leur carrière ont vu de bonne heure de prodigieux événements; ils ont mûri vite sur ces champs de bataille uniques dans l'histoire, dont les siècles futurs garderont le souvenir, et ce grand enseignement, qu'ils n'oublieront jamais, leur a donné une expérience utile pour l'avenir.

Plus heureux qu'eux, nous entrions dans l'armée avec des succès : l'Afrique nous donnait de la confiance, la Crimée un triomphe chèrement acheté, l'Italie de glorieuses victoires, la Chine et le Mexique de brillants combats et nous étions habitués aux aventures périlleuses.

Comptant trop sur notre bonne étoile, nous nous abandonnions complaisamment à cette assurance que donne le succès.

Nous fûmes aveuglés, nos défauts nous parurent des qualités et nous nous crûmes invincibles.

Mais il est intéressant d'examiner, aujourd'hui, notre situation actuelle en la comparant à celle de 1870, au moment de la déclaration de guerre.

En France, la guerre fut déclarée au milieu d'un enthousiasme irréfléchi ; les Allemands s'y attendaient et reçurent cette déclaration sans surprise, avec le calme de gens qui avaient la conscience de leur force.

Chez nous, rien n'avait été prévu ; grisés par nos succès antérieurs, nous aimions la guerre et nous la désirions avec notre caractère ardent et chevaleresque sans nous en préoccuper autrement.

Dans toutes les administrations il régnait un désordre inexprimable : les approvisionnements en vivres, en armement, en munitions, n'existaient pas, et on songe encore maintenant avec stupeur à l'incurie qui régnait partout.

C'est dans ces conditions que nous entrions en campagne pour nous trouver aux prises avec une armée préparée depuis longtemps à la lutte.

Nos troupes brillantes, remplies d'ardeur, avides de combattre, savaient bien qu'il y avait depuis longtemps une vieille rancune à régler avec l'Allemagne, et attendaient cette occasion avec impatience.

Notre premier coup de canon annonça un petit succès, qui fut trop exalté : nous venions de nous emparer de Saarbruck, sur le territoire allemand ; mais quelques jours après la déveine commençait. Spickren nous obligeait, malgré une résistance opiniâtre, à nous retirer sur Metz en livrant bataille à Borny, où les Allemands perdirent du monde ; puis nous traversions Metz, sans un plan arrêté, avec l'idée vague de nous replier sur Verdun en quittant la ligne de la Moselle, ligne de défense naturelle si facile à occuper et si favorable pour arrêter une invasion.

Après Borny, sans repos ni trêve, nous livrions deux grandes batailles Rezonville et Saint-Privat, luttes de géants pendant lesquelles les deux armées firent des prodiges ; l'empereur Guillaume II vient de nous en donner récemment un éclatant témoignage en s'associant si dignement au deuil du maréchal Canrobert ; cependant la garde royale prussienne avait été anéantie par l'effort désespéré de l'illustre soldat.

Ensuite survint ce lamentable blocus pour aboutir à la capitulation ; pendant ce temps là : Sedan.

Après la destruction des premières armées apparut la Défense nationale, organisée avec une patriotique exaltation par Gambetta, mais composée d'éléments si divers, manquant de tout et n'ayant pas une direction raisonnée qui aurait peut-être pu enrayer le mal.

La France, épuisée, isolée dans cette lutte inégale, s'est débattue pendant près de 9 mois sous une étreinte de fer; à bout de ressources, ayant brûlé sa dernière cartouche, elle voulut se redresser encore pour remettre fièrement au vainqueur son épée brisée; et Chanzy tint bon jusqu'à la fin pendant que l'armée de l'Est, oubliée avec Bourbaki, périssait dans les neiges du Jura.

Pas une douleur ne devait être épargnée à la France : après avoir été amputée de ses plus belles provinces, elle vit les horreurs de la guerre civile : Paris en feu, ses monuments détruits, partout des morts couchés sur des ruines.

Mais à la suite de tant de catastrophes, sans s'émouvoir, elle considéra l'étendue de ses pertes.

Il faut se débarrasser au plus vite de l'occupation allemande : Thiers paie l'indemnité de guerre et enfin on peut se ressaisir.

Sans faiblesse, sans provocation, tous se mettent résolument à l'œuvre, laissant de côté tout esprit de parti : il n'existe plus que des Français qui veulent fermer leur frontière et se refaire une armée afin d'être de nouveau prêts pour la lutte.

Mais il faut de l'argent, on en trouve; des emprunts sont largement couverts. Le service militaire obligatoire est voté à l'unanimité. Tous les hommes valides veulent savoir se servir d'un fusil ou pointer un canon.

L'armée se reforme et prend corps; plusieurs expéditions sont heureusement entreprises, chaque année des grandes manœuvres viennent confirmer les résultats obtenus et les progrès accomplis.

Pendant que les Allemands célébraient si bruyamment, en 1895, leurs glorieux anniversaires, nous faisions tranquillement sur la frontière de l'Est nos grandes manœuvres d'armée et on a pu se rendre compte, avec une réelle satisfaction, des résultats remarquables obtenus par toutes les armes et constater l'habileté avec laquelle elles ont été dirigées, en même temps que la bonne instruction, la discipline et l'entrain des troupes qui ont eu à endurer des fatigues excessives avec une température exceptionnelle.

Depuis 1870 nous vivons toujours dans l'espoir du lendemain, — menant de front les travaux de la paix avec les préparatifs de la guerre, — ne négligeant rien pour accroître notre industrie, développer les arts et les sciences, mais aussi perfectionnant sans cesse ce matériel de guerre qui doit nous faire respecter.

Sans que personne ait tendu la main à la France, surveillée par des voisins qui n'attendaient qu'une occasion favorable pour empêcher son relèvement, surmontant toutes les difficultés avec dignité, la tête haute, elle a reconquis ainsi en Europe la place influente qu'elle occupait avant ses désastres et s'est créé par sa sagesse une puissante alliance.

Devons-nous donc en rester là et nous endormir sur le succès si complet des dernières grandes manœuvres dirigées avec tant d'autorité par notre généralissime parfaitement secondé par d'éminents collaborateurs ?

Non, mille fois non !

L'empereur Guillaume Ier a gardé pendant plus de 60 ans une haine implacable contre la France (1). Imitons-le.

Les Allemands sont des adversaires dignes de nous ; ils n'ont jamais renoncé à leurs vieilles rancunes. Gardons pieusement aussi les nôtres, sans quoi ce serait

---

(1) A ce propos, voici une anecdote que je reproduis ici parce qu'elle doit nous servir d'exemple :

Lorsqu'après Iéna, Napoléon Ier eut presque détruit la monarchie prussienne, la jeune reine de Prusse, femme d'un grand et noble cœur, qui portait pendant toute la campagne l'uniforme des dragons de sa garde, en excitant les troupes par de chaleureuses paroles, vint trouver l'Empereur pour le supplier d'accorder à la Prusse des conditions moins humiliantes. Il consentit à diminuer l'indemnité de guerre ; mais la reine insista encore pour obtenir des concessions territoriales.

Napoléon lui montra en souriant une rose qu'elle portait à la ceinture, en lui laissant comprendre que cette rose serait pour lui un gage précieux. La reine se redressa fièrement, arracha la fleur de son corsage, la foula aux pieds et se retira indignée.

L'indemnité de guerre fut payée avec la vente de l'argenterie et des bijoux de la couronne.

La reine ne voulut rien garder de toutes ses parures royales et dans les cérémonies officielles elle ne porta plus dans ses cheveux qu'un simple bluet des champs.

Depuis lors, cette fleur fut toujours honorée en Allemagne, et Guillaume II, son chevaleresque empereur, la fait encore cultiver en toute saison dans tous ses palais pour perpétuer le souvenir de ce grand acte de patriotisme.

A cette triste époque de la monarchie prussienne, l'empereur Guillaume Ier était encore un enfant ; néanmoins il jura de venger ce qu'il considérait comme un outrage fait à sa mère.

Il vit Leipzig et assista à Waterloo ; mais cela ne suffit pas, il lui fallait Sedan avec la captivité de Napoléon III, et, dès qu'il fut roi, il devint l'ennemi le plus acharné de la France, préparant contre elle une armée formidable pour parvenir à l'anéantir un jour.

Nous avons nous aussi un outrage bien plus sanglant à venger : Metz *la pucelle* a été violée par les Allemands ; nos sœurs d'Alsace-Lorraine nous le rappellent ; ne l'oublions jamais.

renier tous nos sentiments de fierté nationale, ce serait méconnaître ce passé de gloire et de souffrances qui a fait la grandeur de la France !

Le maréchal Bazaine quitte Metz.

J'arrive à la fin de la tâche que je m'étais imposée. J'ai voulu rappeler les rudes et honorables travaux de l'armée de Metz en reproduisant presque jour par jour ses luttes héroïques.

Ce n'est pas son plaidoyer que j'ai présenté, elle n'a pas besoin d'être défendue. Je n'ai retracé que des faits débarrassés de tout esprit de parti et j'en ai tiré des déductions. Je laisse au lecteur le soin d'apprécier ce qu'a accompli cette armée qui regrette encore de n'avoir pu faire davantage.

Le maréchal Bazaine devait ressentir cruellement les tristes conséquences de ses incertitudes, de ses lenteurs, de son manque de décision et d'initiative quand il en était encore temps, sinon pour vaincre, au moins pour succomber vaillamment.

Il a montré aux hommes de guerre que tous leurs actes doivent être basés sur la droiture, et que les finasseries du diplomate ou de l'homme politique ne sont pas acceptées dans l'armée.

Celui qui a l'honneur de commander doit par son exemple inspirer la confiance dans les circonstances les plus difficiles, en conservant toujours un dévouement absolu à la patrie.

Le maréchal quitta Metz dans la soirée du 28 octobre

pour se rendre à Cassel, où il fut interné. Quatre jours après il écrivit la lettre suivante, reproduite par les journaux :

« Cassel, 2 novembre 1870.

» En arrivant à Cassel, où nous sommes internés par ordre de l'autorité prussienne, j'ai lu votre bulletin (partie politique) du 1ᵉʳ novembre, sur la convention militaire de Metz et la proclamation aux Français de M. Gambetta.

» Vous avez raison : l'armée n'eût jamais suivi un traître, et, pour toute réponse à cette élucubration mensongère, afin d'éclairer l'opinion publique je vous envoie l'ordre du jour (nº 12) adressé à l'armée après les décisions prises à l'unanimité par les conseils de guerre des 26 et 28 octobre au matin.

» Le délégué du gouvernement de la Défense nationale ne semble pas avoir conscience de ses expressions ni de la situation de l'armée de Metz en stigmatisant la conduite du chef de cette armée, qui, pendant près de trois mois, a lutté contre des forces doubles, quelquefois triples, dont les effectifs étaient toujours tenus au complet, tandis qu'elle ne recevait même pas une communication de ce gouvernement, malgré les tentatives faites pour se mettre en relations avec lui.

» Pendant cette campagne de trois mois, l'armée de Metz a eu 1 maréchal, 24 généraux, 2.140 officiers et 42.350 soldats atteints par le feu de l'ennemi.

» Se faisant respecter dans tous les combats qu'elle a livrés, une pareille armée ne pouvait être composée de traîtres ni de lâches.

» La famine, les intempéries seules ont fait tomber les armes des mains des 60.000 combattants qui restaient (l'artillerie n'ayant plus d'attelage et la cavalerie étant démontée), et cela après avoir mangé tous les chevaux et fouillé la terre dans toutes les directions pour y trouver rarement un fatal allègement à ses privations.

» Sans son énergie et son patriotisme elle aurait dû succomber dans la première quinzaine d'octobre, époque à laquelle les hommes étaient déjà réduits par jour à 150 grammes de mauvais pain.

» Ajoutez à ce sombre tableau plus de 20.000 malades ou blessés sur le point de manquer de médicaments, et une pluie torrentielle depuis plus de quinze jours inondant les camps et ne permettant pas aux hommes de se reposer, car il n'avaient d'autres abris que leurs petites tentes presque pourries.

» La France a toujours été trompée sur notre situation, qui a été constamment critique.

» Pourquoi ? Je l'ignore et la vérité finira par se faire jour.

» Quant à nous, nous avons la conscience d'avoir rempli notre devoir en soldats et en patriotes.

» Recevez, etc.

» BAZAINE. »

Le maréchal publia ensuite un rapport sur les opérations de l'armée de Metz du 13 août au 28 octobre, dont j'ai mentionné les principaux passages.

Ainsi s'achevait le 2ᵉ acte de ce drame qui devait se dérouler d'une façon si écrasante devant Paris.

Mise en accusation du maréchal Bazaine. — Son procès. Sa condamnation.

En rentrant de captivité le maréchal Bazaine vint à Paris où il reçut un accueil très froid. Cependant M. Thiers, alors chef du pouvoir exécutif de la République française, qui avait remplacé le gouvernement de la Défense nationale, ne crut pas à ces accusations de trahison qui étaient dans bien des bouches et le 29 mai 1871 une pétition, qui fut discutée à l'Assemblée nationale, demandait une enquête sur les causes de la capitulation de Metz et sur la conduite des généraux qui y avaient pris part.

M. Thiers prononça à cette occasion de mémorables paroles.

« Je viens, dit-il, remplir un devoir que je me reprocherais de ne pas accomplir et que vous-mêmes me reprocheriez de négliger : je viens au nom du maréchal Bazaine demander ce que pour ma part je considère comme un grand acte de justice.

» J'ai été heureux d'entendre notre illustre collègue le général Changarnier parler si dignement d'un de nos grands hommes de guerre. Depuis assez longtemps déjà le maréchal Bazaine m'avait écrit pour réclamer cet acte de justice qu'il voulait devoir à l'Assemblée nationale.

» J'avais pris avec moi-même l'engagement de m'adresser à l'Assemblée lorsque je croirais le moment venu. L'occasion m'en était offerte aujourd'hui sous peine de manquer envers un personnage qui a eu l'honneur de commander et de commander glorieusement une des plus nobles armées du pays.

» Le maréchal Bazaine, j'en suis convaincu, a été cruellement calomnié ; mais un gouvernement ne suffit pas à abattre les calomnies. Le maréchal Bazaine demande formellement qu'une enquête soit ouverte pour qu'on juge les événements de Metz.

» En général, je ne suis pas partisan des enquêtes qui ont pour but de revenir sur le passé et de remuer les passions, mais une enquête qui a pour but de justifier une noble armée et de poser devant le pays la question de savoir si son chef l'a trahie ou ne l'a pas trahie, une enquête semblable est un acte de justice qu'à mon avis on ne peut refuser à personne.

» La question est de savoir si cette enquête sera ordonnée par le Gouvernement ou par l'Assemblée. Je crois que c'est un acte de justice qu'on ne peut pas refuser au maréchal Bazaine. Je vous ai transmis sa demande ; je laisse à l'Assemblée le soin d'y répondre. »

A partir de cette époque, l'opinion publique s'empara de cette affaire et le Gouvernement fut bientôt obligé de répondre à ses engagements ainsi qu'au désir formel du maréchal Bazaine, qui demandait instamment que ses actes comme commandant en chef de l'armée du Rhin fussent déférés à la juridiction compétente.

Le 30 septembre 1871 un conseil d'enquête fut institué par décision présidentielle, en vertu de l'article 209 du Code de justice militaire et de l'article 264 du décret du 13 octobre 1863 sur le service dans les places de guerre, pour examiner les diverses capitulations consenties avec l'ennemi pendant la campagne de 1870-71.

Le maréchal Bazaine comparut devant ce conseil, présidé par le maréchal Baraguay-d'Hilliers, le 12 avril 1872. Le conseil libella un avis motivé rendant le commandant en chef de l'armée du Rhin responsable en grande partie des revers de l'armée de Châlons, et responsable entièrement de la perte d'une armée de 150.000 hommes et de la place de Metz sans avoir fait ce que lui prescrivait le devoir militaire.

L'avis motivé formulait en outre plusieurs blâmes très sévères contre le maréchal, pour n'avoir pas détruit son matériel de guerre, pour avoir accepté les clauses de la capitulation du 28 octobre, qui permettait aux officiers de rentrer dans leurs foyers en donnant par écrit leur parole d'honneur de ne pas servir contre l'Allemagne pendant la guerre; pour n'avoir rien stipulé en faveur des soldats, des blessés et des malades; enfin pour avoir livré à l'ennemi des drapeaux qu'il pouvait et devait détruire.

A la suite de cet avis qui ne fut pas rendu public, le Gouvernement ordonna le 7 mai 1872 d'informer contre le maréchal Bazaine, la capitulation signée par lui constituant les crimes prévus par les articles 209 et 210 du Code de justice militaire.

L'instruction fut confiée au général Rivière qui se mit aussitôt à l'œuvre et ne termina son travail qu'au mois de mars 1873.

Conformément aux conclusions de ce rapport, le maréchal Bazaine fut mis en jugement par un décret présidentiel en date du 25 juillet 1873.

Un autre décret du mois d'octobre de la même année arrêta la composition du conseil de guerre, et fixa l'ouverture des débats au 6 du même mois.

C'est ce jour-là qu'ils ont commencé et se sont poursuivis sans interruption jusqu'au 10 du mois de décembre.

Le nombre des témoins assignés par le parquet militaire ne s'élevait pas à moins de 219; celui des témoins assignés par la défense à 48.

La lecture du rapport du général instructeur prit six séances; l'interrogatoire du président en occupa autant.

L'audition des témoins, le réquisitoire du commissaire du gouvernement, le plaidoyer du défenseur durèrent six semaines.

Ce procès fut jugé à Trianon par le 1er conseil de guerre de la 1re division militaire, le général du Barail étant ministre de la guerre.

Président : M. le duc d'Aumale, général de division ayant commandé en chef devant l'ennemi.

Juges : MM. de la Motterouge, baron Chabaud-Latour, Tripier, généraux de division ayant commandé en chef devant l'ennemi;

MM. de Martimprey, Princeteau, Martinaut-Deschenets, généraux de division faisant partie de la 1re division militaire.

Juges supplémentaires : MM. Guiot, Lallemand, dans la 1re fraction. — MM. Resseyre, de Suslau de Malroy, dans la 2e fraction, généraux de division.

Les fonctions de commissaire du gouvernement furent remplies par M. le général de division Pourcet; celles de substitut par M. le général de Boissonnet, assisté par M. Martin, chef de bataillon en retraite, commissaire du gouvernement.

Le conseil se réunit à Trianon le 6 octobre 1873.

Tel fut l'épilogue de ce grand drame, qui avait passionné si péniblement l'opinion publique.

Ce fut sans contredit un des plus imposants procès auxquels le monde ait assisté, soit à cause de l'étendue et de la gravité des faits sur lesquels il roulait, soit à cause du nombre et de la qualité des personnages qui s'y trouvaient mêlés comme accusés et comme témoins.

Après des débats très passionnants et la défense du maréchal présentée par l'éminent avocat M⁰ Lachaud et son fils, le conseil de guerre délibérant à huis clos, le président posa les quatre questions suivantes :

1ʳᵉ *question*. — Le maréchal Bazaine est-il coupable d'avoir, le 28 octobre 1870, comme commandant en chef de l'armée du Rhin, capitulé en rase campagne ?

2ᵉ *question*. — Cette capitulation a-t-elle eu pour résultat de faire poser les armes aux troupes dont le maréchal Bazaine avait le commandement en chef ?

3ᵉ *question*. — Le maréchal Bazaine a-t-il traité verbalement ou par écrit avec l'ennemi sans avoir fait préalablement tout ce que lui commandaient le devoir et l'honneur ?

4ᵉ *question*. — Le maréchal Bazaine, mis en jugement après avis d'un conseil d'enquête, est-il coupable d'avoir, le 28 octobre 1870, capitulé avec l'ennemi et rendu la place de Metz, dont il avait le commandement supérieur, sans avoir épuisé tous les moyens de défense dont il disposait et sans avoir fait tout ce que lui prescrivaient le devoir et l'honneur ?

Sur la 1re question, *oui* à l'unanimité.

Sur la 2e question, *oui* à l'unanimité.

Sur la 3e question, *oui* à l'unanimité.

Sur la 4e question, *oui* à l'unanimité.

En conséquence, le conseil de guerre, vu les dispositions des articles 210 et 209 du Code de justice militaire, condamna, à l'unanimité des voix, François-Achille Bazaine *à la peine de mort, avec dégradation militaire*.

En raison de la brillante carrière militaire du maréchal, qui avait débuté comme simple soldat, et de ses remarquables états de service, le conseil signa à l'unanimité un recours en grâce.

Le maréchal de Mac-Mahon, président de la République, commua la peine de mort en une détention perpétuelle.

Bazaine fut interné à l'île Sainte-Marguerite, d'où il parvint à s'évader, et mourut en Espagne quelques années après dans la plus complète misère.

Dans toute cette étude, j'ai cherché à surmonter de douloureuses impressions pour rester impartial. Je n'ai raconté que ce que j'ai vu ou ce que j'ai pu appuyer sur des faits ou des documents authentiques.

C'est un hommage que je voulais rendre à l'armée de Metz, trop longtemps calomniée.

Le lecteur qui ne recherchera que les vérités historiques, sans tenir compte des exagérations et de l'esprit de parti qui animait une époque si troublée par le malheur, pourra se faire une juste idée des événements mémorables qui ont inscrit dans l'histoire de la France une page si douloureuse, sans que personne cependant n'ait jamais montré de défaillance.

Les généraux.

Avant de terminer, je veux parler de nos généraux qui, dans un certain milieu, ont été si indignement calomniés.

On se préoccupe beaucoup à présent, surtout parmi les civils, du rajeunissement des cadres d'officiers ; chacun donne son avis sans s'inquiéter de savoir comment il faudrait s'y prendre pour rajeunir raisonnablement et on aboutit à des idées impraticables.

J'ai déjà traité cette question à plusieurs reprises et je conclus par le maintien de la limite d'âge actuelle, mais en donnant des retraites anticipées aux officiers de tout grade que des infirmités rendraient impropres à un service actif.

En effet, il n'est pas rationnel de se priver de l'expérience d'officiers généraux qui, même au delà de 60 ans, ont conservé toutes leurs facultés intellectuelles et physiques ; ils sont nombreux, et je tiens surtout à protester contre des agissements qui tendent à représenter nos généraux, particulièrement ceux d'autrefois, comme des incapables auxquels on doit attribuer tous nos désastres.

L'armée, qui les a vus à l'œuvre sur les champs de

bataille, sait ce qu'ils valent; mais le public, qui ne les connaît pas, se figure que l'ineptie règne dans les hauts grades et arrive à des suppositions blessantes ou calomnieuses et quelquefois même à des accusations infâmes.

Il semble cependant que des officiers qui ont fait vaillamment leurs preuves, méritant, pendant toute leur carrière, un avancement au choix sérieusement discuté et souvent conquis devant l'ennemi, doivent être à l'abri de pareilles attaques.

On suppose sans doute qu'avec l'âge ils s'affaiblissent et ne sont plus à hauteur de leurs obligations. On demande alors de très savants généraux et aussi jeunes que ceux du premier Empire; mais on oublie que ces hommes qui commandaient en chef à l'âge où nos officiers d'aujourd'hui sont encore lieutenants, faisaient journellement la guerre et avaient acquis promptement, devant l'ennemi, le savoir que l'on obtient maintenant par l'étude ou sur le terrain d'exercice.

Il s'agit aussi de s'entendre sur ce que l'on appelle des généraux savants et sur les garanties qu'ils peuvent présenter.

La science ne suffit pas à l'homme de guerre; pour qu'il soit complet, il lui faut du génie et ce n'est pas dans une longue période de paix qu'on peut le lui reconnaître.

On doit donc demander au général qui n'a pas été soumis aux épreuves du commandement devant l'ennemi une maturité et une prévoyance que l'âge seul peut lui donner.

Si je consultais aujourd'hui les officiers qui, après avoir suivi il y a vingt ans les cours de notre école de guerre, sont arrivés aux hauts grades, je suis certain que le plus grand nombre me répondraient qu'ils n'ont plus les mêmes idées qu'autrefois et sont à présent plus aptes au commandement qu'ils ne l'étaient alors.

Il faut aux grades subalternes la jeunesse, l'entrain, la témérité même; aux grades supérieurs, la réflexion, une décision raisonnée et la persévérance.

Avec les engins de destruction que la science moderne se plaît à inventer, la guerre pourra devenir une odieuse tuerie à distance sans l'entraînement du combat, et les chefs auront besoin de toute leur énergie, de toute leur expérience pour maintenir souvent sous un feu meurtrier des hommes qui n'auront plus pour les soutenir l'enthousiasme de ces luttes d'autrefois, dans lesquelles les plus braves pouvaient se faire remarquer.

Et ce n'est pas dans les livres que le chef puisera ces qualités essentielles, mais bien dans un cœur haut placé, dans la connaissance des hommes qu'il aura sous ses ordres, en se servant à propos des moyens que les circonstances lui offriront.

Le général qui saura trouver l'occasion de surprendre son adversaire pour l'aborder et le combattre sera le vrai chef, et, pour cela, il lui faudra de l'expérience et un jugement sûr.

Laissez donc aux soldats la confiance dans leurs chefs et ne venez pas déprécier ceux-ci en disant qu'ils sont trop vieux. Laissez à tous les braves officiers qui savent se sacrifier si généreusement l'espoir de trouver encore une mort glorieuse et ne découragez pas mal à propos des jeunes soldats que vos paroles imprudentes viendraient refroidir.

La guerre, malgré tout, présentera toujours des moments sublimes. Il faut pouvoir penser qu'elle aura encore son côté chevaleresque, que les plus braves trouveront moyen de se faire reconnaître, et que le chef qui saura tirer le meilleur parti de sa troupe reviendra victorieux.

En 1870, on a injustement rendu responsable de nos revers les généraux de l'ancienne armée, en accusant non seulement d'incapacité, mais même de trahison ou de lâcheté, des hommes qui avaient souvent combattu en héros en Afrique, en Crimée, en Italie, au Mexique.

J'ai connu ces généraux que l'on traitait ainsi ; je les ai vus de très près ; les nobles exemples qu'ils nous donnaient alors sont restés gravés dans ma mémoire et j'ai gardé pour eux un profond souvenir de respect et d'admiration.

Je vois encore en Crimée l'intrépide général Camou : c'était un soldat du premier empire ; il était âgé, presque à la veille de sa retraite ; Béarnais et ami du maréchal Bosquet, il l'appelait son enfant, quoiqu'il fût sous ses ordres.

Quelle verdeur, quel entrain, et avec quelle bienveillance il savait tirer parti des soldats qui le vénéraient !

Il faudrait des pages pour citer les noms et les hauts

faits de ces hommes qui nous rappelaient si bien les généraux de nos grandes guerres.

Les uns étaient jeunes, d'autres âgés ; et il semblait à les voir si ardents qu'ils fussent tous jeunes.

On a écrit et repété injustement qu'en 1870 nos généraux d'Afrique avaient perdu l'armée ; que c'était à cause d'eux que nous avions été battus ; que s'ils avaient pris telles ou telles dispositions nous eussions été vainqueurs. C'est faux et injuste.

La guerre fut mal engagée : rien n'était prêt; on comptait aller à Berlin en promenade militaire ; mais nos généraux et surtout ceux d'Afrique ont fait l'impossible pour ramener la victoire ; la fatalité a voulu qu'il en fût autrement.

On ne peut pas méconnaître, et si on l'oubliait, l'histoire impartiale le rappellerait, que Canrobert, Mac-Mahon, Ladmirault, Ducrot, Bataille, Félix Douay, Margueritte, d'Aurelles, Bourbaki, Faidherbe, Chanzy, Deligny, Clinchant, Billot, du Barail, de Sonis et tant d'autres qui avaient sans cesse guerroyé en Afrique, ne pouvant pas, malgré leurs héroïques efforts, sauver la patrie, ont cependant conservé intact notre honneur national.

Ils avaient appris la guerre avec l'ennemi en face. C'est la véritable école de guerre.

CONCLUSION

CONCLUSION

Des Chambres composées d'une majorité insouciante et d'une minorité factieuse ; — les fautes politiques de l'Empereur ; — la coupable confiance de ses ministres ; — la légèreté et l'imprévoyance avec laquelle la guerre fut déclarée ; — la faiblesse numérique de l'armée ; — les attaques continuelles de l'opposition, toujours de plus en plus violentes et gênant les opérations militaires ; — la Révolution qui, après avoir enlevé au gouvernement son autorité, le renversa quand le péril grandissait ; — enfin, le manque d'ensemble dans la défense, compliqué par le désordre (1) et l'inexpérience qui la rendirent insuffisante, eurent une influence funeste sur le sort de la France entière ; — tandis que les fautes militaires commises au commencement de la campagne furent en partie causes de la perte de l'armée de Metz.

Des forts à peine commencés, — une place forte mal approvisionnée en vivres et en munitions, — un blocus très serré, soutenu par une armée nombreuse avec une artillerie formidable, créèrent au général en chef des difficultés sérieuses (2).

Néanmoins, il est permis d'admettre qu'après les

---

(1) Désordres de la capitale obligeant la Défense à se préoccuper à la fois de l'ennemi et des troubles intérieurs.

(2) Le prince Frédéric-Charles assura au moment de la capitulation au général Changarnier qu'il avait toujours 240.000 combattants au moins autour de Metz.

CARTE DES E[

pour les opérations militaires du 14 août

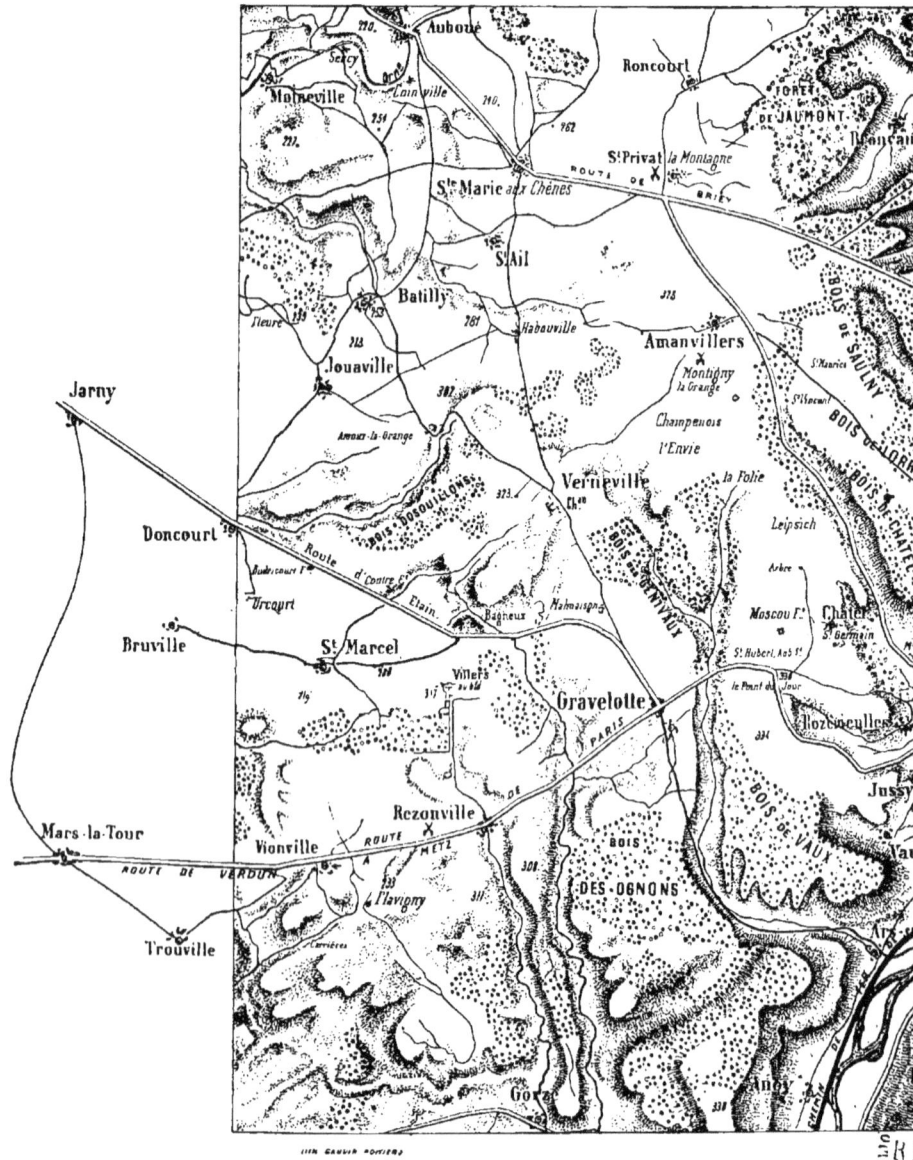

ENVIRONS DE METZ
8 octobre 1870. (*Extrait de la carte de l'état-major.*)

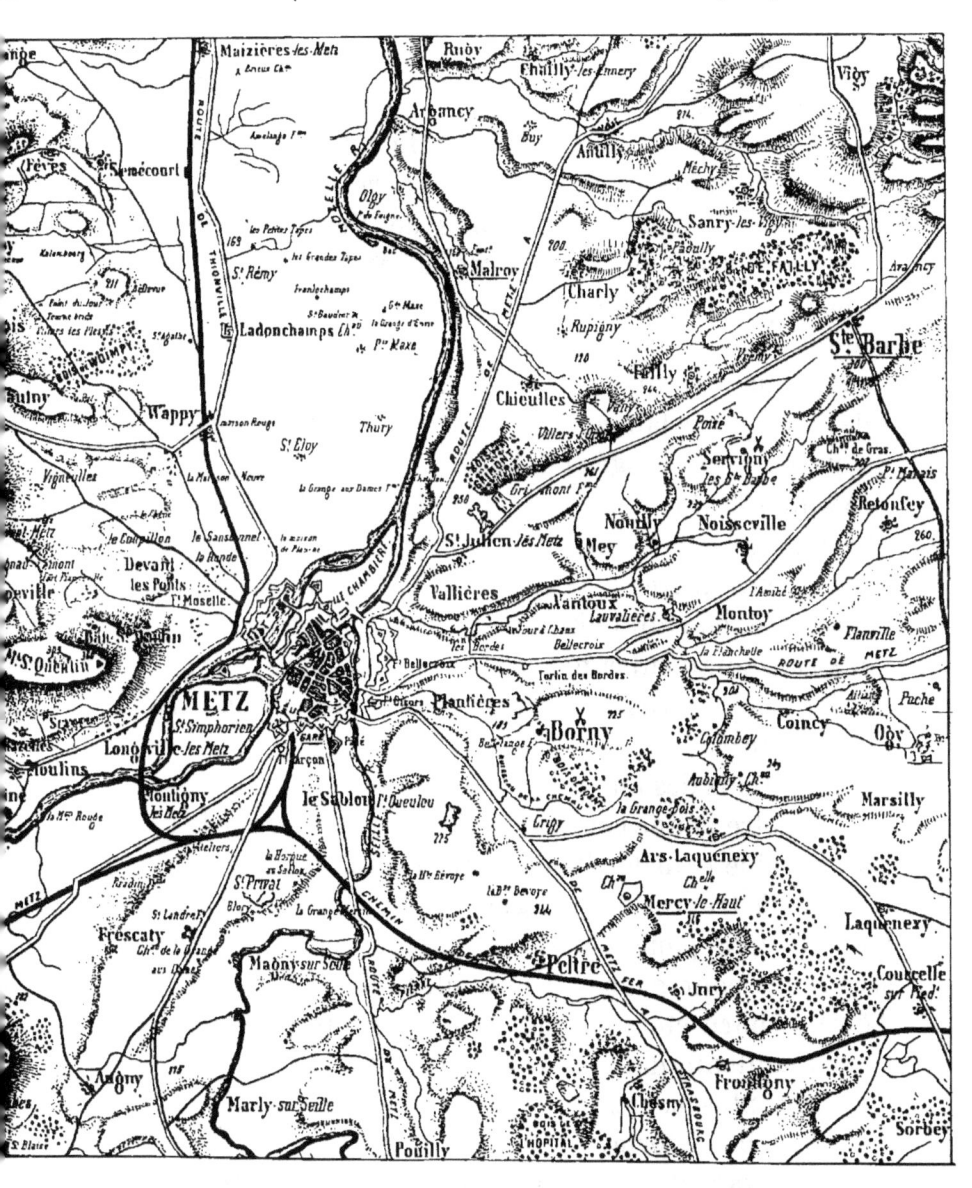

journées des 14, 16 et 18 août, quand les troupes furent reposées, dès que les tentatives de sortie devinrent impossibles, si on n'avait considéré la place que comme un point d'appui pour établir l'armée dans un vaste camp retranché, protégé du côté de l'ennemi par d'importants ouvrages en terre, reliés entre eux et élevés aux points culminants de Mercy-le-Haut, Sainte-Barbe et sur les hauteurs de Malroy, tous les villages environnants, en nous fournissant de bons cantonnements nous auraient aussi donné d'abondants approvisionnements qui, distribués avec économie, eussent certainement favorisé une sortie efficace ou au moins prolongé la défense.

Avant que l'ennemi ait eu le temps d'élever de sérieux retranchements, une seule attaque vigoureusement entreprise, avec des forces suffisantes et de l'ensemble, pouvait nous donner ces résultats importants sans augmenter nos pertes, et nous dispensait ainsi de toutes ces affaires partielles qui furent si infructueuses.

Nous étions dès lors préparés à toutes les éventualités et notre bonne contenance fût devenue d'un poids considérable pour les événements à venir.

Quant à traverser les lignes ennemies, ce n'était possible que pour tendre la main à une armée de secours ou pour gagner Thionville ; mais tout espoir d'être secouru étant perdu, nous n'avions plus qu'à nous maintenir dans ce camp retranché, d'où nous pouvions plus facilement encore nous relier à cette deuxième place forte.

En essayant de sortir de nos lignes sans données

certaines sur les opérations des armées extérieures, c'était entreprendre une course imprudente et marcher au hasard avec une armée décimée par les pertes à l'ennemi et les maladies.

J'ai dit au chapitre III ce que je pensais des blocus. Il faut à tout prix éviter de se faire bloquer, et, si on a eu l'imprudence de se laisser enfermer, tenir jusqu'au dernier moment en cherchant à profiter de toutes les occasions pour rompre ce blocus.

Mais on doit fatiguer, harceler l'ennemi ; l'obliger à étendre le plus possible son cercle d'investissement ; surtout vivre avec économie pour tâcher de prolonger la résistance, et, quand on est vaincu par la famine, on peut alors se présenter la tête haute, après avoir épuisé toutes ses ressources en vivres et en munitions, après avoir détruit tout ce qui pourrait être un trophée pour l'ennemi.

Quel que fût le parti politique qu'ait servi le maréchal Bazaine quand la révolution du 4 Septembre éclata, son devoir et même l'inérêt de sa cause l'obligeaient à garder Metz jusqu'à la dernière extrémité.

Les accusations de trahison qui, dans un moment de mécontentement bien compréhensible, furent dirigées contre lui, n'avaient rien de fondé ; mais son imprévoyante insouciance lui créa une fatale position qui l'obligea à céder plus tard devant une impérieuse nécessité.

En se préoccupant du sort de l'armée, le maréchal

se laissa entraîner à des pourparlers avec le roi de Prusse et M. de Bismarck, qui lui firent ignorer la vérité et ne lui donnèrent que des nouvelles fausses préparées pour les armées allemandes.

Néanmoins il aurait dû, à tout hasard, retenir autour de lui le plus longtemps possible l'armée de Frédéric Charles, qui courut aussitôt se joindre aux armées allemandes contre lesquelles luttaient avec tant d'énergie Chanzy, Faidherbe et Bourbaki.

Cette faute fut si grave qu'elle devint un crime.

Quand les négligences si préjudiciables du commencement eurent diminué nos ressources et amené promptement l'épuisement de l'armée, le maréchal n'avait plus qu'à attendre sous les murs de Metz la dernière limite humainement possible ; il devait avouer hautement à ses troupes la position dans laquelle elles se trouvaient et faire appel à leur dévouement.

Enfin, au moment décisif il ne lui restait plus qu'à user ses dernières cartouches, à détruire les forts, briser ses armes, brûler ses drapeaux et étendards, mettre hors de service tous ses canons, renvoyer dans leurs foyers les hommes du pays pour diminuer le nombre des prisonniers, et traiter ainsi avec l'ennemi.

En agissant de la sorte, le maréchal Bazaine n'aurait pas terni par une déplorable capitulation une carrière militaire jusque-là sans tache, et livré entière une de nos plus importantes places de guerre.

Je considérerais ce travail comme incomplet si je ne

rendais pas ici un éclatant et respectueux hommage à la mémoire du maréchal Canrobert, qui mourut à 84 ans le 18 janvier 1895. J'ai éprouvé un véritable sentiment de tristesse, qui a été, j'en suis certain, celui de toute l'armée, en voyant après quel débat on a fini par accorder des funérailles nationales à l'illustre soldat.

Ce projet avait rencontré surtout au Sénat, dont avait fait partie le maréchal pendant 23 ans, une opposition qui n'a été surmontée que par les généreuses et chaleureuses paroles de M. le général Billot.

Que pouvait-on reprocher au maréchal Canrobert qui a servi fidèlement son pays pendant soixante-huit ans, donnant sans cesse l'exemple du dévouement et du plus ardent patriotisme, combattant héroïquement sur tous les champs de bataille?

On lui a reproché d'avoir exécuté, en soldat discipliné, les ordres qu'il avait reçus au 2 Décembre et d'avoir contribué à affermir un gouvernement qui, pendant 17 ans, a mis la France au premier rang des nations.

Si le gouvernement impérial a commis des fautes, les désastres de 1870-71 causèrent sa chute; mais doit-on rendre responsable de ces fautes l'homme qui alors général de brigade, obéit et fit cette noble réponse quand on voulut le récompenser d'avoir vaincu l'insurrection en le nommant général de division : « Devant l'ennemi, dit-il, quand je l'aurai battu, mais pas pour avoir fait rentrer des Français dans l'ordre. »

Qu'a-t-on pu lui reprocher aussi à Metz?

On a prétendu qu'il aurait dû s'insurger contre Bazaine, au lieu de rester comme toujours l'homme du devoir.

On aurait voulu sans doute qu'il lui arrachât le commandement, le fît fusiller, et entreprît avec l'armée de Metz une de ces sorties à outrance dont on parle volontiers quand on est loin du champ de bataille. On a oublié que les *pronunciamientos* ne sont pas, Dieu merci, dans nos mœurs militaires et qu'un pareil acte de la part d'un maréchal de France devant l'ennemi eût été un crime, puisqu'il aurait fait de cette armée dévouée, vaillante et disciplinée, une troupe rebelle, insurgée et lâche.

Bazaine n'a pas été condamné à mort pour avoir trahi en vendant Metz aux Allemands comme beaucoup l'ont cru, mais pour n'avoir pas montré assez de ténacité pour avoir livré une place de guerre sans chercher, en administrant avec économie à prolonger la résistance, pour avoir inconsciemment rendu ses drapeaux, ses étendards, ses armes au lieu de les brûler et de les détruire.

Tels sont les motifs en raison desquels Bazaine fut condamné à mort et à la dégradation militaire, parce que dans l'armée nos règlements sont inflexibles pour celui qui n'accomplit pas son devoir devant l'ennemi, jusqu'à la dernière limite humainement possible.

S'il avait trahi, le conseil de guerre n'aurait jamais signé son recours en grâce.

Canrobert pouvait-il être rendu responsable de l'incapacité du chef dont il dépendait?

Personnellement, n'a-t-il pas toujours été le véritable chevalier sans peur et sans reproche?

Et c'est à un homme de cette valeur, au doyen des maréchaux du monde entier, à celui avec lequel s'éteignit en France le maréchalat, qu'on a marchandé des funérailles nationales !

Mais la famille et les amis du maréchal Canrobert ont trouvé une réconfortante consolation dans le respectueux recueillement de la population parisienne sur le parcours du funèbre convoi, qui emportait à sa dernière demeure une de nos illustrations les plus pures.

Et l'intelligent peuple de Paris, qui sait, quand il le veut, donner de si bonnes leçons, a prouvé encore cette fois, par son attitude digne, qu'il désapprouvait tous les sentiments de haine et de mesquines vengeances, quand il s'agissait d'honorer une de nos grandes gloires militaires.

A Metz succomba la dernière des armées régulières qui avaient engagé la lutte au commencement de la campagne.

Elle combattit pendant deux mois et demi dans des conditions d'infériorité numérique et de malaise exceptionnelles; livra sous les murs de Metz, toujours au moins un contre deux, souvent un contre trois, en face de troupes constamment renouvelées, quatre grandes batailles : Borny, Rezonville, Saint-Privat, Servigny; douze combats : Forbach, Spickren, Noisseville, Lauvalières, Colombey, Mercy-le-Haut, La Grange-aux-Bois, Peltre, Ladonchamps, Les Maxes, Les

Petites-Tappes et Lessy, sans compter presque journellement des affaires d'avant-postes.

Sur un effectif de 120.000 combattants au plus, elle eut d'atteints par le feu de l'ennemi : un maréchal de France, — 24 généraux, — 2.140 officiers, — 42.350 soldats, — et ses adversaires eux-mêmes déclarèrent que partout cette armée avait lutté avec une rare énergie (1).

Comme les armées de Reischoffen et de Sedan, elle fut victime de l'incroyable incurie avec laquelle se firent tous les préparatifs.

Jusqu'à Sedan la Prusse avait commencé une guerre glorieuse et la France vaincue, écrasée par le nombre, s'était honorée par la vigueur de sa résistance.

Après Sedan la lutte entre dans une nouvelle phase qui rappelle par ses cruautés les temps les plus barbares.

Ce sont des bombardements de places habitées par des populations inoffensives qui, en raison des lois de l'humanité, obligent les défenseurs à se rendre; ou bien des troupes aguerries et surexcitées par le succès

---

(1) Parmi les batailles de ce siècle, dit la *Gazette de Kiel* dans un résumé des sept mois de la campagne de France en 1870-71, il n'y a eu que la Belle-Alliance, Borodino, Eylau et Zorndorf, qui puissent être comparés aux combats livrés devant Metz.

Dans son numéro du 6 mars, le *Nord* écrit : « Nous avons sous les yeux une brochure faite par un officier général prussien, sur la perte de la forteresse lorraine. L'auteur de cet opuscule rend un éclatant hommage non seulement à la bravoure, mais encore à l'expérience et aux qualités militaires des troupes qui ont combattu à Mars-la-Tour, à Rezonville et à Gravelotte. »

Ces trois combats représentent pour les Allemands les journées des 16, 17 et 18 août.

qui combattaient contre de braves jeunes gens ne sachant que mourir pour défendre leur patrie.

Un acharnement infernal de part et d'autre a maintenu en présence deux grandes nations dans des conditions bien différentes :

La Prusse, sérieuse, positive, — vénérant son roi et soutenant son gouvernement, — faisait la guerre, depuis Duppel, avec un bonheur inespéré.

Sadowa avait mis le comble à sa confiance; la bonne organisation de son armée, le soin qu'elle prenait sans cesse de la perfectionner, les goûts guerriers qui s'étaient répandus dans la nation, la rendaient un adversaire redoutable.

La France entreprenante, avide d'émotions, enthousiaste des grandes choses, avait vaincu à Sébastopol, à Magenta, à Solférino et mené à bonne fin de lointaines et téméraires expéditions; elle cultivait les arts et les sciences en leur faisant faire des progrès; perfectionnait son industrie, s'adonnait au commerce pour augmenter ses richesses, et sa capitale devenait un vaste palais enchanté où à côté du luxe et de l'élégance, germaient les idées révolutionnaires.

Toujours mécontente de son gouvernement, quel qu'il fût, elle lui suscitait des embarras continuels.

Belliqueuse, mais ne voulant plus d'armée permanente, elle repoussait les exigences du service militaire.

Néanmoins, ambitieuse, glorieuse à juste titre du rang qu'elle occupait dans le monde, s'alarmant aussi de la puissance croissante de la Prusse, elle lui déclara la guerre en tombant dans un piège.

Armée de Metz.

La Prusse, qui rêvait des conquêtes, se tenait sur ses gardes ; sachant combien la lutte serait acharnée, elle s'y préparait depuis longtemps et saisit avec empressement l'occasion de pouvoir dire devant l'Europe qu'elle avait été provoquée.

Dans cet infernal duel, la France, mutilée, s'est relevée tant qu'il lui resta un souffle de vie.

La Prusse, avec le flegme de son caractère allemand, a approché méthodiquement tous les engins de destruction, — a expérimenté ses canons Krupp, — brûlé, détruit froidement tout ce qui lui opposait un obstacle sérieux.

Les nations comme les hommes ont des époques de grandeur et de décadence, et aux yeux de l'observateur impartial cette guerre est un immense fléau pour les deux pays.

Chez ces deux grands peuples qui pourraient, s'ils s'entendaient, se compléter l'un par l'autre, elle a laissé un germe de haine.

La France, terrassée sous une couche de mitraille, n'a cédé que quand elle s'est sentie broyée par cette étreinte de fer ; un jour encore elle voudra sa revanche et les générations à venir verront de nouveau des flots de sang rougir les fleuves ou inonder les campagnes abandonnées par leurs paisibles habitants !

Depuis 1871 la France travaille sans relâche à entretenir ou à perfectionner son état militaire, et froidement attend les événements avec la conscience du bon droit appuyé sur sa force.

En 1870, dans une étude que je publiai sur le siège de Metz, je disais en terminant :

« L'indifférence qu'ont montrée les grandes puissances en demeurant impassibles devant tant de ruines, laisse à la France le soin de choisir des alliances qui puissent réellement servir ses intérêts.

» Sans songer à une guerre d'invasion, qui la livrerait de nouveau au hasard d'une entreprise téméraire, qu'elle attende froidement les événements et regarde autour d'elle.

» Il existe à l'est de l'Europe une imposante nation qui depuis deux cents ans n'a cessé de grandir ; elle fut plusieurs fois pour nous un adversaire redoutable, mais la lutte ayant été courtoise de part et d'autre, n'a laissé aucune pensée d'amertume.

» Il est impossible que dans un délai plus ou moins long, la Russie n'ait pas l'occasion de se mesurer avec le nouvel empire d'Allemagne dont la politique de conquête fera tôt ou tard des provinces polonaises, surtout des provinces allemandes de la Baltique, un brandon de discorde... »

En 1895 cette alliance s'est confirmée, alliance de peuples qui, ayant des intérêts communs sans froissement, n'ont rien qui puisse les désunir.

Si on recherche comment a pris naissance la Triple Alliance, on voit que lorsque la guerre de 1870 éclata nous avions pour alliés l'Autriche et l'Italie.

L'empereur Napoléon III avait combattu pour l'Italie, afin de réunir en royaume indépendant tous les petits états groupés sur notre frontière du sud-est. Ce fut une faute.

Et la paix de Villafranca avait rétabli de bonnes relations entre la France et l'Autriche, qui cependant vaincue à Solferino, avait été dépouillée de la Vénétie, annexée au royaume de Victor-Emmanuel.

Après les succès de Crimée et d'Italie, nous nous engagions avec confiance dans une guerre avec l'Allemagne, comptant sur le concours de 100.000 Italiens et de 300.000 Autrichiens qui n'attendaient que le moment favorable pour se joindre à nous.

Ces renseignements, que j'avais déjà indiqués dans une étude publiée sur Metz en 1871, me provenaient du maréchal Le Bœuf, ami du maréchal Bosquet dont j'étais officier d'ordonnance en Crimée. Le maréchal a bien voulu, en raison des affectueuses sympathies qu'il me témoignait, me faire cette confidence sous les murs de Metz :

« Nous avions la promesse, me dit-il, quand la guerre fut déclarée, d'avoir le concours et l'appui de 100.000 Italiens et de 300.000 Autrichiens qui devaient opérer avec nous sur la rive droite du Rhin ; mais n'étant pas encore mobilisés, ils demandaient 30 à 40 jours pour compléter leur mobilisation.

» En avril 1870, trois mois avant la déclaration de guerre, ajouta le maréchal, l'archiduc Albert, le vainqueur de Custozza, vint en France pour se rendre compte de nos forces militaires.

» En juin, un mois avant la guerre, le général Lebrun se rendit à Vienne où il discuta un plan de campagne présenté par l'archiduc Albert lui-même.

» L'armée autrichienne devait rejoindre l'armée française; ces deux armées, auxquelles s'adjoignaient 100.000 Italiens, marchaient sur Leipzig où on comptait livrer une bataille générale et décisive.

» Mais l'empereur Napoléon tenant essentiellement à ce que les trois puissances alliées déclarassent en même temps la guerre à la nouvelle Confédération germanique, l'archiduc Charles objecta qu'il fallait six semaines à l'Autriche pour se mobiliser et que pendant ces six semaines elle était obligée de proclamer sa neutralité, tandis qu'il ne fallait que 15 jours à la France pour être prête à entrer en campagne.

» L'Autriche ne pouvait donc marcher que 42 jours après la déclaration de guerre... »

Le quarantième jour, nous étions battus à Sedan; nos alliés de la veille trouvant alors qu'il était inutile de se compromettre pour nous, devinrent les alliés des Allemands, et après nos revers les puissances qui avaient recherché notre alliance nous abandonnèrent à nos seules ressources.

C'est alors qu'on vit cette alliance si extraordinaire du nouvel empire d'Allemagne avec l'Autriche, que les Allemands avaient battue à Sadowa, et avec l'Italie, qui nous devait son existence comme royaume.

* *

Vingt-cinq ans après ces événements, si on considère ce que devient la Triple Alliance et la place que la France a reconquise en Europe, on voit d'une part trois puissances unies sans motif sérieux, s'épuisant en frais de guerre, ruinant leurs finances, semblant mal à l'aise de cette triple alliance sans homogénéité qui les met à la merci et sous la domination de l'Allemagne; alliance faite par les souverains, mais désapprouvée par les peuples qui voudraient se rapprocher de la France.

D'autre part la France et la Russie, toutes deux indépendantes, l'une en république, l'autre gouvernée sagement par son empereur autocrate; n'ayant aucun point de contact, unies par des sentiments de cordiales sympathies provenant de deux peuples qui ont pour ainsi dire imposé l'alliance; toutes deux fortes, possédant d'excellentes armées, toujours sur la défensive, ne cherchant pas à provoquer, mais prêtes à la riposte.

Entre la Triple Alliance et l'alliance franco-russe, l'observateur impartial donnera sans hésitations la préférence à cette dernière.

Nous pouvons donc attendre patiemment les événements. La France a conscience de sa force et des droits qu'elle saura à l'occasion faire respecter, car elle n'oubliera jamais des provinces qui lui sont restées si fidèlement dévouées.

Au mois de septembre dernier j'étais à Metz, ma ville natale, pour y faire un pieux pèlerinage au tombeau de ma famille, contenant les restes de ceux qui me sont chers : de mon père, qui fut de ces héros de la Révolution et de l'Empire; général en 1812, il défendait Saarlouis en 1815 et fit au prince de Mecklembourg cette fière réponse : « Je commande cette forteresse au nom de ma patrie et je la lui conserverai jusqu'à la dernière extrémité, dût-elle être réduite en cendres. » mis de côté par la Restauration, il mourut à 84 ans avec 14 blessures; de ma mère, que j'ai connue seulement par le récit qu'on me fit de ses vertus; de mon frère, colonel de cavalerie; de ma nièce, qui avait épousé un officier français.

Tous reposent sur cette terre, à présent étrangère, où nous comptions nous retrouver réunis.

J'ai revu presque en cachette notre beau pays; à Metz il n'existe plus un seul nom français, tout s'y fait en allemand; mais le cœur de ces braves Lorrains est bien resté français.

Opposant la force d'inertie à la pression qui est constamment exercée sur eux, ainsi qu'aux vexations dont on les accable, ils souffrent en silence et voici ce que me disaient des amis de Metz :

« Nous aimons sincèrement la France, nous vous l'avons bien prouvé, mais nos enfants l'aiment peut-être encore plus que nous! Dites-bien cela en France afin que vous sachiez tous que nous comptons toujours sur vous pour redevenir Français! »

Et voilà comment la Lorraine et l'Alsace, sans faiblesse, sans impatience, espèrent et attendent.

Rambouillet, janvier 1896.

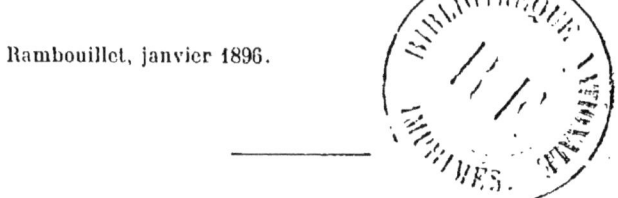

TABLE DES MATIÈRES

	Pages.
Avant-propos	5

PREMIÈRE PÉRIODE
DE LA DÉCLARATION DE GUERRE AU BLOCUS

CHAPITRE Iᵉʳ

Situation politique de la France en Europe : Principe de nationalités. — Lettre de la reine de Hollande à l'Empereur........ 11
La France et la Prusse : État moral de ces deux puissances..... 17
Des causes qui amenèrent la déclaration de guerre. — Effets produits par les manifestations populaires exagérées.......... 23

CHAPITRE II

Préparatifs de guerre : Comparaison de l'organisation militaire de la France à celle de la Prusse. — Composition des différents corps. — Leur disposition sur la frontière au commencement de la campagne. — Insuffisance des approvisionnements et de l'armement des places fortes. — Dépêches télégraphiques. — Arrivée de l'Empereur à Metz. — Sa proclamation à l'armée. — Composition et disposition de l'armée prussienne...................... 28

CHAPITRE III

Commencement des opérations militaires : Sarrebruck, — Spickren. — Reischoffen. — Rapport du maréchal de Mac-Mahon à l'Empereur ; ordre du jour à son corps d'armée. — Strasbourg. — Dépêches télégraphiques. — Influence funeste de l'éparpillement sur la frontière de tous les corps à peine formés. — Formation de deux armées 49
Concentration de la deuxième armée autour de Metz : Retraite du maréchal de Mac-Mahon sur Châlons et du maréchal Bazaine sur Metz. — Ligne de la Moselle et de la Meurthe abandonnée. — Avantages que pouvait présenter la ligne de la Moselle. — Inconvénients de la ligne de la Seille......................... 62

Parti à prendre après Reischoffen : Les événements marchaient et l'organisation de nos corps laissait encore beaucoup à désirer. — Dépêches télégraphiques. — Observations présentées avant la guerre. — Causes des avantages de la Prusse......... 67

CHAPITRE IV

Fautes commises à la suite de nos premiers revers : Résultat fâcheux de la retraite de toute la deuxième armée sur Metz... 74
Bataille de Borny.. 76
Bataille de Rezonville... 83
Bataille de Saint-Privat, Amanvillers............................. 93
(Voir la carte pour les opérations du 14 août au 28 octobre).....

CHAPITRE V

Rapport du maréchal Bazaine sur la bataille de Rezonville.... 96
Dépêches à l'Empereur.. 107
Ordre du jour à l'armée... 109
Conséquences à tirer des journées des 14, 16 et 18 août.......... 111

DEUXIÈME PÉRIODE

DU BLOCUS A LA CAPITULATION

CHAPITRE Iᵉʳ

Tentative pour rompre le blocus : Sortie du 26 août. — Réunion d'un conseil de guerre à la ferme Grimont; ses délibérations. 123
Bataille de Servigny : Son peu de résultats. — Avantages que l'on aurait pu tirer en attaquant simultanément vers Malroy, Sainte-Barbe et Mercy-le-Haut. — Dispositions à prendre. — Etablissement d'un grand camp retranché pouvant fournir des approvisionnements et une bonne installation pour les troupes........ 127

CHAPITRE II

Evénements du 4 Septembre : Ordre du jour du maréchal à l'armée. — Proclamation du général Coffinières aux habitants. — Le maréchal essaie, sans pouvoir y réussir, de se mettre en relations avec le gouvernement de la Défense nationale. — Dépêches télégraphiques. — Influence sur Metz du désastre de Sedan. — Les difficultés augmentent.................................... 132

CHAPITRE III

Pages.

Situation de l'armée après la bataille de Servigny : Considérations sur le blocus. — Affaire de Lauvalières. — Peltre. — Colombey. — Mercy-le-Haut. — Vappy. — Sainte-Agathe, — Ladonchamps. — Nouvelle attaque sur Ladonchamps. — Attaque aux Grandes-Tappes. — Engagement de Plappeville. — Les chevaux de la cavalerie sont à peine nourris et servent à l'alimentation des habitants et de l'armée. — Opinion du général Changarnier sur les sorties du maréchal Bazaine. — Mauvaise installation des troupes. — Les vivres diminuent sensiblement............. 145

Incident Régnier : A la date du 17 novembre, la position devient de plus en plus critique et la population s'inquiète. — Protestation adressée au maréchal pour l'éloignement de l'armée que l'on accuse d'affamer la ville................................. 155

Lettre du maréchal Bazaine aux commandants de corps d'armée : Appréciation de Paris de la situation de l'armée de Metz par les membres du gouvernement de la Défense nationale, à la date du 7 octobre... 158

CHAPITRE IV

Conseil de guerre assemblé le 10 octobre sous la présidence du maréchal Bazaine : Le maréchal ouvre la séance en donnant lecture de quelques-uns des rapports faits par les commandants de corps d'armée et par les chefs des armes spéciales ; déclaration du conseil. — Il est arrêté que le général Boyer sera envoyé au quartier général à Versailles pour connaître les intentions du roi de Prusse au sujet d'une convention militaire. — Le général Coffinières est seul opposé à cette mesure. — Extrait du procès-verbal concernant la décision prise par le conseil de guerre... 161

La ville et les camps : Nouvelle de prétendues victoires remportées par nos armées à l'intérieur. — Communiqué adressé par le maréchal Bazaine aux journaux de Metz. — La population et l'armée sont néanmoins disposées à tous les sacrifices pour prolonger la résistance. — État physique et moral des troupes. — Patriotiques résignations. — Généreux dévouement des femmes de toutes les classes de la société.......................... 167

CHAPITRE V

Autorisation accordée au général Boyer de se rendre au grand quartier royal à Versailles : Arrivée du général à Versailles ; il assiste à un conseil de guerre présidé par le roi. — Déclaration du comte de Moltke. — L'avis de M. de Bismarck prévaut. — Renseignements recueillis par le général Boyer. — Retour du général à Metz. — Le 17 octobre, conseil de guerre présidé par le maréchal pour faire connaître le résultat de la mission du général. — Il est décidé qu'il repartira pour se rendre près de l'Impératrice. — 20 octobre, nouveau conseil de guerre pour connaître le résultat des communications faites par les commandants de corps d'armée aux généraux de division et aux troupes sous leurs ordres.. 175

Essai d'une dernière sortie : L'épuisement des troupes oblige à y renoncer. — Le 25 octobre, le maréchal réunit un conseil de guerre pour faire connaître une dépêche du roi annonçant les intentions de l'Impératrice. — Le conseil accueille cette communication avec une douloureuse surprise. — Il est décidé que l'on s'adressera au prince Frédéric-Charles. — Le général Changarnier est chargé de cette délicate mission. — Les commandants de corps continuent de se plaindre de la misère de leurs troupes. — Partages des vivres de la place avec l'armée. — Le général Coffinières refuse. — Ordre du maréchal Bazaine............... 180

Réponse du prince Frédéric Charles au général Changarnier : Elle n'est pas meilleure que les précédentes. — Le maréchal envoie le général de Cissey près du général Sthiele, chef d'état-major du prince pour discuter une convention........................ 183

CHAPITRE VI

Derniers moments : Conseil de guerre tenu le 26 octobre par le maréchal. — Il est convenu que le général Jarras se rendra au quartier général prussien pour arrêter les conditions d'une convention militaire. — Conséquence des lenteurs et de l'indécision du commencement. — Epuisement de l'armée en dernier lieu. — Ce qu'il restait à faire. — Avantages que pouvait avoir, pour repousser l'invasion, la résistance de Metz. — Accusation portée contre le maréchal Bazaine.................................. 185

28 octobre, dernier conseil de guerre : Lecture de la convention signée entre le général Jarras et le général Sthiele. — Protocole. — Ordre du jour du maréchal à l'armée. — Proclamation du général Coffinières aux habitants de Metz............... 190

Les drapeaux.. 197

Reddition de l'armée : Préparatifs de départ pour les troupes. — — Elles sont conduites aux avant-postes prussiens. — Scènes déchirantes. — Les Prussiens entrent à Metz................... 203

CHAPITRE VII

Pages.

Réflexions sur les événements : Conséquences à en tirer. — Situation de la France en 1870 et en 1895 ; travaux accomplis. — Attitude à conserver vis-à-vis de l'Allemagne.................. 205
Le maréchal Bazaine quitte Metz........................... 214
Sa mise en accusation, son procès, sa condamnation............ 217
Les généraux.. 223

CONCLUSION.. 231

Paris et Limoges. — Imprimerie militaire Henry Charles-Lavauzelle.

Librairie militaire Henri CHARLES-LAVAUZELLE
Paris, 11, place Saint-André-des-Arts.

L'Armée française à travers les âges, par L. JABLONSKI (honoré d'une souscription du ministère de la guerre) :
TOME Ier. — Des origines de notre pays jusqu'à Philippe le Bel. — De Philippe le Bel à la bataille de Fontenoy. — Vol. in-18 de 500 p., broché. 5 »
TOME II. — De Louis XIV à la Révolution. — L'armée pendant la Révolution et sous l'Empire. — Volume in-18 de 480 pages, broché............ 5 »
TOME III. — De la Restauration à 1848. — De 1848 à 1870. — Volume in-18 de 540 pages, broché.................................. 5 »
TOME IV. — Le droit des gens, la préparation à la guerre, éléments qui composent l'armée, combattants et non combattants, services administratifs. — Volume in-18 de 498 pages, broché................................ 5 »
TOME V. — Art militaire. — Historique des écoles militaires. — Historique des drapeaux français. — Volume in-18 de 425 pages, broché......... 5 »
Histoire de l'infanterie en France, par le lieutenant-colonel Belhomme, ou 73e d'infanterie (honoré d'une souscription du ministère de la guerre) :
TOME I. — **La Gaule** : les Galls, l'infanterie romaine, la Gaule romaine, l'empire d'Occident. — **La conquête franque :** Chlodowig, les Mérovingiens, les Carolingiens. — **La France** : les Carolingiens, les Capétiens, les Valois. — **L'armée permanente** : Charles VII, Louis XI, Charles VIII, François Ier, Charles IX, Henri III, Henri IV, Louis XIII. — Vol. in-8º de 400 p. br. 5 »
Tome II. — **Règne de Louis XIV** : De 1643 à 1661 : Mazarin et Letellier. — Louvois, de 1661 à 1691. — De 1661 à 1672. — De 1672 à 1679. — De 1679 à 1691. — Barbezieux, Chamillard et Voysin (1691-1715) : Barbezieux, de 1691 à 1701 ; — Chamillard, de 1701 à 1709 ; — Voysin, de 1709 à 1715. — Vol. in-8º de 496 pages, broché...................................... 5 »
TOME III. — **Règne de Louis XV** : De 1715 à 1718 ; Le Blanc 1718-1723) ; De Breteuil (1723-1726) ; Le Blanc (1726-1728) ; D'Angervilliers (1728-1740) ; De Breteuil (1740-1743) ; Comte d'Argenson (1743-1757) ; marquis de Paulmy (1757-1758) ; maréchal de Belle-Isle (1758-1761) ; lieutenant général de Choiseul (1761-1771) ; Monteynard (1771-1774) ; d'Aiguillon (1774). **Règne de Louis XVI** : Du Muy (1774-1775) ; comte de Saint-Germain (1775-1777) ; prince de Montbarey (1777-1780) ; de Ségur (1780-1787) ; de Brienne (1787-1788) ; de Puységur (1788-1789) ; les Etats généraux et l'Assemblée législative ; les Etats généraux et l'Assemblée nationale. — Volume in-8º de 512 pages, broché....... 5 »
TOME IV. — (*En préparation.*)
Précis de quelques campagnes contemporaines, par le commandant E. BUJAC, breveté d'état-major.
I. — **Dans les Balkans**. Ouvrage accompagné de 19 cartes et plans du théâtre des opérations (honoré d'une souscription des ministères de la guerre, de la marine et des colonies). — Volume in-8º de 336 pages, broché.... 5 »
II. — **Afrique**. (*Sous presse.*) — III. — **Asie**. (*En préparation.*)
Guerre franco-allemande de 1870-1871, par le capitaine Ch. ROMAGNY, professeur de tactique et d'histoire à l'Ecole militaire d'infanterie, accompagné d'un atlas comprenant 18 cartes-croquis en deux couleurs (honoré d'une souscription des ministères de la guerre et de l'instruction publique et d'une médaille d'honneur de la Société d'instruction et d'éducation). — Volume grand in-8º de 392 pages, et l'atlas.................. 10 »
GUERRE DE 1870. — **La première armée de l'Est**. — Reconstitution exacte et détaillée de petits combats avec cartes et croquis, par le commandant Xavier EUVRARD, breveté d'état-major, chef de bataillon au 2e tirailleurs algériens, ex-professeur d'histoire militaire à l'école de Saint-Cyr. — Volume grand in-8º de 268 pages................................... 6 »
Crimée-Italie. — Notes et correspondances de campagne du général de Wimpffen, publiées par H. GALLI. *Ouvrage honoré d'une souscription du ministère de la guerre*. — Volume grand in-8º de 180 pages........ 5 »
Tableaux d'histoire à l'usage des sous-officiers candidats aux Ecoles militaires de Saint-Maixent, Saumur, Versailles et Vincennes, par Noël LACOLLE, lieutenant d'infanterie. — Volume in-18 de 144 pages. 2 50

Librairie militaire Henri CHARLES-LAVAUZELLE
Paris, 11, place Saint-André-des-Arts.

Etude sommaire des campagnes d'un siècle, par le capitaine Ch. Romagny, ex-professeur adjoint de tactique et d'histoire à l'Ecole militaire d'infanterie. — Campagne de 1792-1803, 1 volume (4 cartes). — 1800, 1 volume (4 cartes). — 1805, 1 volume (2 cartes). — 1813, 1 volume (4 cartes). — 1814, 1 volume (1 carte). — 1815, 1 volume (1 carte). — Crimée, 1 volume (3 cartes). — 1859, 1 volume (1 carte). — 1866, 1 volume (4 cartes). — 1877-78, 1 volume (3 cartes). — 10 vol. in-32, brochés, l'un » 50; reliés toile anglaise................................. 75

Memento chronologique de l'histoire militaire de la France, à l'usage des sous-officiers candidats aux Ecoles militaires de Saint-Maixent, Saumur, Versailles et Vincennes, par le capitaine Ch. Romagny, ex-professeur adjoint de tactique et d'histoire à l'Ecole militaire d'infanterie. — Volume in-18 de 316 pages, broché....... 4

Précis historique des campagnes modernes. Ouvrage accompagné de 38 cartes du théâtre des opérations, à l'usage de MM. les candidats aux diverses écoles militaires. — Volume in-18 de 224 pages, broché.... 3 50

Souvenirs de guerre (1870-1871), par le colonel Henri de Poncharlon (honoré d'une souscription des ministères de la guerre, de la marine et des colonies). — Volume in-18 de 306 pages, broché................ 3 50

Le siège de Lille en 1792, par Désiré Lacroix. Ouvrage accompagné d'un plan pour suivre les phases du bombardement de la place (2e édition). — Brochure in-18 de 32 pages....................... 75

Sans armée (1870-1871), Souvenirs d'un capitaine, par le commandant Kanappe. — Volume in-18 de 336 pages, broché................ 3 50

Lang-Son, combats, retraite et négociations, par le commandant breveté Lecomte. — Volume grand in-8º de 560 pages, broché, imprimé sur beau papier, illustré de 51 magnifiques gravures, têtes de chapitre, culs-de-lampe, vignettes, accompagné d'un atlas contenant 19 cartes et 2 planches. 20

Le Tonkin français contemporain, études, observations, impressions et souvenirs, par le docteur Edmond Courtois, médecin-major de l'armée, ex-médecin en chef de l'ambulance de Kep; ouvrage accompagné de trois cartes en chromolithographie. — Vol. in-8º de 412 pages............ 7 50

Guide de Madagascar, par le lieutenant de vaisseau Colson. — Volume in-18 de 220 pages, accompagné de la carte de Madagascar au 1/4.000.000e, des itinéraires de Tamatave à Tananarive, de Majunga à Tananarive, du plan de Tananarive et d'un croquis indicatif des cyclones de l'Océan Indien. 3 50

Madagascar et les moyens de la conquérir. Etude politique et militaire, par le colonel Ortus, de l'infanterie de marine. — Volume in-18 de 228 pages avec une carte au 1/4.000.000............................. 3 50

Petit Dictionnaire français-malgache, précédé des principes de grammaire hova et des phrases et expressions usuelles, par Paul Sarda, d'après les grammaires des Pères missionnaires Weber, Ailloud, de la Vaissière, de MM. Morin de Marre et Froger. — Vol. in-32 de 226 p., relié toile.. 2 50

Campagne du Dahomey (1892-1894), précédée d'une étude géographique et historique sur ce pays et suivie de la carte au 1/500.000 établie au bureau topographique de l'état-major du corps expéditionnaire par ordre de M. le général Dodds, par Jules Poirier, avec une préface de M. Henri Lavertujon, député. — Vol. grand in-8º de 372 p., avec couverture en couleurs.... 7 50

L'Expédition du Dahomey en 1890, avec un aperçu géographique et historique du pays, sept cartes ou croquis des opérations militaires et de nombreuses annexes contenant le texte des conventions, traités, arrangements, cessions, échanges de dépêches et télégrammes auxquels a donné lieu l'expédition, par Victor Nicolas, capitaine d'infanterie de marine, officier d'académie (2e édition) — Volume in-8º de 152 pages........ 3

Le catalogue général de la Librairie militaire est envoyé gratuitement à toute personne qui en fait la demande à l'éditeur Henri CHARLES-LAVAUZELLE.

www.ingramcontent.com/pod-product-compliance
Lightning Source LLC
Chambersburg PA
CBHW070634170426
43200CB00010B/2013